U0897397

联合出品

喻东山 刘西芳 赵晓锋 主编

给他想要的陪伴：

抑郁症家庭照顾与康复指南

江苏凤凰科学技术出版社 · 南京

图书在版编目(CIP)数据

给他想要的陪伴：抑郁症家庭照顾与康复指南 / 喻东山，刘西芳，赵晓锋主编. —南京：江苏凤凰科学技术出版社，2024.6(2025.7 重印)

ISBN 978 - 7 - 5713 - 4055 - 1

Ⅰ. ①给… Ⅱ. ①喻… ②刘… ③赵… Ⅲ. ①抑郁症—护理—指南②抑郁症—康复—指南 Ⅳ. ①R473.74 - 62②R749.409 - 62

中国国家版本馆 CIP 数据核字(2024)第 027115 号

给他想要的陪伴:抑郁症家庭照顾与康复指南

主　　编	喻东山　刘西芳　赵晓锋
责任编辑	刘玉锋　赵　呈
助理编辑	王　超
责任校对	仲　敏
责任监制	刘　钧
出版发行	江苏凤凰科学技术出版社
出版社地址	南京市湖南路 1 号 A 楼,邮编:210009
出版社网址	http://www.pspress.cn
照　　排	南京紫藤制版印务中心
印　　刷	南京紫隆印务有限公司
开　　本	718 mm×1 000 mm　1/16
印　　张	12.25
插　　页	1
字　　数	240 000
版　　次	2024 年 6 月第 1 版
印　　次	2025 年 7 月第 2 次印刷
标准书号	ISBN　978 - 7 - 5713 - 4055 - 1
定　　价	69.80 元

编写委员会

主　编　喻东山　江苏省南京医科大学附属脑科医院

刘西芳　广西右江民族医学院

赵晓锋　河南省郑州大学第一附属医院

副主编　张　智　山东省滕州市精神卫生中心

崔杨义　山西省稷山县精神病医院

张功法　山东省潍坊市精神卫生中心

苏海陵　辽宁省锦州市康宁医院

邹　鹏　广西南宁市宾阳益康精神病医院

朱文礼　安徽省芜湖市第四人民医院

编　委（按汉语拼音排序）

储文革　安徽省铜陵市第三人民医院

方向明　湖北省武汉市优抚医院

黄欣玮　辽宁省锦州市康宁医院

李国伟　山西省稷山县精神病医院

刘桂军　山东省潍坊市精神卫生中心

刘　伟　山西省临汾市荣军康复医院

刘文娟　山东省潍坊市精神卫生中心

田　旭　山东省潍坊市精神卫生中心

王艺林　山东省青島頤順和心理卫生中心
魏绪华　山东省聊城市第四人民医院
闫玲玲　辽宁省锦州市康宁医院
姚向凯　山东省潍坊市精神卫生中心
余　琳　河南省医药卫生学校附属医院
翟秀芝　山东省潍坊市精神卫生中心
周　海　山东省潍坊市精神卫生中心
周立发　山东省青州荣军医院

前言

抑郁症是单纯的抑郁发作，双相障碍则不仅有抑郁发作，而且还有躁狂/轻躁狂发作。當发作较轻時，尚有自知力，能主动服药，当发作较重時，就缺乏自知力，需家属照顾其服药。家属照顾患者的关键前提是：

1. 先要了解哪些是患者的抑郁症状，而非品质问题（例如懒动、不肯上学），才能做到从内心深处谅解患者；知道抑郁有自杀的风险性，才不敢刺激到患者，不敢把患者的口头自杀威胁不当真。

2. 知道在家能做到哪些预防自杀措施，才能一一予以落实。

3. 知道抑郁缓解不全后，学业会一波三折，才能有足够的应对心理准备。

4. 知道抑郁会反復发作，才不敢心存侥幸，督促患者维持用药。

5. 知道哪些是患者的躁狂症状（例如性欲亢进，到处滥交），而非患者的品质问题，才能不总是埋怨患者，而是积极就医。

6. 知道无节制地乱花钱，不给钱就打人，是躁狂症状，才能下决心强制患者住院治疗。

7. 知道患者夸大社会负面现象是躁狂表现，才不会费尽口舌，与之争辩，而是积极就医治疗。

8. 发现患者不肯服药，其躁狂程度又不足以住院，必要時可予暗中服药。

不管是抑郁还是双相障碍，急性发作期都不能单纯指望心理治疗，而需用药治疗，药物治疗可能出现相关副作用，家属对药物常见副作用要有所了解，才能心里有底。本书就是為抑郁症和双相障碍家属了解这些知识而写的，希望对患者的康復和照顾有所帮助。

南京医科大学附属脑科医院　喻东山

二〇二三年十二月七日　于南京苜蓿园

一个值得深思的问题

——为什么抑郁症患者常常觉得不被理解，甚至觉得被误解呢？

这个问题的确有点复杂，为了能尝试找到答案，首先我们先看一下，当我们不了解抑郁症时，大多数人眼中的**抑郁症患者10种常见的状态和直观感受：**

1. 不出门、不吃饭、不刷牙、不洗脸，邋里邋遢，懒得要死，人生没理想没目标。

2. 晚上不睡觉，白天不起床，沉迷手机，玩物葬志。

3. 没兴趣、无爱好、不社交，社恐一族。

4. 情绪不稳定，老是唉声叹气，悲观主义者，满满的负能量。

5. 性格有问题，懦弱，消极，胆小，遇事逃避，不敢面对。

6. 装可怜，博同情，求关注，别人真的关心他，反而不理会别人，甚至还怂别人，可怜之人必有可悲之处。

7. 一点小事的做不好，拖拖拉拉，抗压能力太差，意志力不足，靠不住，不是巨婴就是妈宝。

8. 难以相处，自私自利，过于自我，忽视了其他人的感受和需求。

9. 明明看着好好的，老说自己这里也疼，那里也疼，无病呻吟。

10. 老说活着没意思，要死要活的，好像全世界都欠他的一样。

接下来，我们看看，**抑郁症患者发病时10种常见的真实状态：**

1. 情绪低落：患者可能会感到持续的悲伤、绝望或无助。他们可能会流泪或感到生活没有希望。

2. 兴趣丧失：患者可能会失去对平时喜欢活动的兴趣和乐趣，包括兴趣爱好、社交活动或性活动。

3. 疲劳和精力下降：即使是简单的日常活动也可能感到疲惫不堪，患者可能会感到缺乏能量和动力。

4. 睡眠问题：抑郁症患者可能会经历睡眠障碍，如失眠（难以入睡或保持睡眠）、早醒或过度睡眠。

5. 认知问题：患者可能会感到思维迟缓、难以集中注意力、记忆力下降或决策困难。

6. 身体症状：抑郁症患者可能会有一些身体上的症状，如头痛、肌肉疼痛或消化问题，这些症状没有明显的医学原因。

7. 自我负面想法：患者可能会对自己持有负面的看法，感到内疚、无价值或绝望。

8. 社交退缩：抑郁症可能会使患者避免社交活动，他们可能会退出朋友和家庭，导致孤立。

9. 自杀念头：在一些严重的抑郁症病例中，患者可能会有自杀的念头或行为，这是抑郁症的一个严重症状。

10. 病耻感和隐私：抑郁症患者可能会感到害怕被排斥或羞辱而被迫隐藏自己的病情，因此他们可能会在公共场合强颜欢笑，而私下里却感到非常痛苦。

现在我们来看一下，**普通人和抑郁症患者之间的认知偏差在哪里**：

1. 情绪低落：普通人可能会认识到抑郁症患者表现出情绪低落，但他们可能不会理解这种情绪低落的深度和持续性。

2. 性格问题：有些人可能会将抑郁症误认为是性格上的缺陷，如悲观、消极或缺乏意志力。

3. 意志力不足：不了解抑郁症的人可能会认为患者只是“意志力不足”，从而鼓励他们“坚强一点”或“积极面对”。

4. 过度悲伤：抑郁症患者的悲伤可能会被误解为对生活中某些事件的正常反应，而不是一种需要治疗的疾病状态。

5. 懒惰或缺乏动力：由于抑郁症患者可能会表现出减少的活动和兴趣，他们可能会被误解为懒惰或不愿意工作。

6. 寻求关注：有些人可能会错误地认为抑郁症患者只是在寻求关注或同情，而不是真正生病。

7. 心理脆弱：抑郁症患者可能会被看作是心理上比较脆弱，无法应对生活中的压力和挑战。

8. 自我为中心：不了解抑郁症的人可能会认为患者过于关注自己的问题，而忽视了其他人的感受和需求。

9. 难以相处：由于抑郁症患者可能会减少社交活动，他们可能会被误解为不易相处或对他人不感兴趣。

10. 悲观主义者：抑郁症患者可能会被贴上"悲观主义者"的标签，而不是被视为正在经历一种影响他们世界观和情绪的疾病。

看了上面的对比和分析，现在我们稍微可以理解一下关于抑郁症这件事情的理解是有一些复杂的。**抑郁症患者常常觉得不被理解，主要有以下原因：**

● **社会认知不足**：普通人对抑郁症的了解程度不足，容易将其与普通的情绪波动混淆，抑郁情绪可能被视为个人弱点，而非一种需要治疗的疾病。普通人和抑郁症患者之间的认知偏差，导致对患者的痛苦缺乏足够的认识和理解。

● **患者自我认知不足**：很多抑郁症患者对抑郁症及其合理疗愈的认知不足，况且抑郁症患者在发病时的真实状态因人而异，症状和严重程度可以在不同个体之间有所不同，让事情已经变得更加的复杂。

● **病耻感**：社会中对心理疾病的偏见和歧视仍然存在，患者可能会因为担心被贴上"精神疾病"的标签而选择隐瞒病情，这种病耻感使得他们更难得到周围人的理解和支持。

● **表达和沟通障碍**：抑郁症患者可能会因为病情影响而出现表达困难和沟通障碍，这使他们难以准确地向他人传达自己的感受和需求。

● **缺乏有效支持**：家人、朋友或同事可能由于缺乏专业知识，不知道如何提供帮助，或者误解了患者的需求，从而无法给予恰当的支持。

● **个人私密性**：抑郁症患者的内心体验往往是深刻和私密的，他们可能觉得他人难以真正体会到自己的感受。

当然好在当我们已经意识到这个问题，作为和家人和朋友，我们就会慢慢改变自己的认知，学着去科学了解抑郁症，学着共情并换位思考，去尝试理解抑郁症患者，去尝试理解他们的真实需求，给他们想要的爱和陪伴，而不是你想给予的爱和陪伴，所谓最需要的陪伴才是最温暖的陪伴。

编辑导读

◆当一个抑郁症患者可能因为缺乏精力而无法完成简单生活自理，这可能会被误解为懒惰或缺乏动力。家人或朋友可能会说："你就是懒，不够努力，你需要振作起来。"

◆当一个抑郁症患者尝试向亲友表达自己的感受时说："我最近感到非常沮丧。"可能会遇到冷漠或否认的反应和回答："谁都有不好和难过的日子，坚强点，过几天你就好了。"

◆当一个抑郁症患者可能会感到持续的悲伤和无助，但并不想被他人看到。他可能会在外面强颜欢笑，而私下里却感到非常痛苦。家人或朋友可能会认为："你平时看起来不是很好吗，怎么可能抑郁呢。"

◆当一个抑郁症患者可能会因为需要请假去看心理医生或因为病情影响工作表现而感到不被理解。同事或上司可能会说："你怎么抗压能力这么差，为什么你不能像其他人一样处理压力?"

目前在我们国家，大众对抑郁症的认知度和接受度都还远远不够。许多抑郁症患者在寻求帮助的过程中，往往会遇到周围人的不理解和不接纳，这无疑加重了他们的心理负担，非常不利于患者的疗愈和康复。作为一个长期关注抑郁症方向的医学编辑，我看到了很多类似的误解……

为了减少这些误解，普及抑郁症的知识和提高公众意识，让人们更好地理解抑郁症的真实性质，2021 年，我和南京脑科医院喻东山主任共同策划了《理解才能更好地陪伴——抑郁、双相障碍和精神分裂症患者家庭陪伴指南》，得到了家属和患者很多的好评，我和作者都感到很欣慰。

同时读者在反馈中，提出了很多新的问题。为了更好地服务读者，让更多的读者共享这些有价值的信息，我们又策划了这本姊妹篇图书，《给他想要的陪伴——抑郁症家庭照顾与康复指南》。

本书强调的一个重要理念是，在抑郁症患者的康复过程中，家庭的环境是至关重要的，他们需要的不仅仅是药物治疗，更需要的是来自家人的理解和支持。

同时，本书还强调了“理解”的重要性，这种理解有两重含义：

第一，这种理解，不是对患者居高临下的同情，也不是冷漠的忽视，而是真正的站在他们的角度，去感受他们的痛苦，去理解他们的无助，去接纳他们的不完美。

第二，这种理解不仅有助于家庭照顾者更好地理解患者的感受和行为，还有助于他们更好地处理自己的情感和压力，只有家属情绪稳定，才能保持足够的耐心和理解，才能避免对患者施加压力，才能为他们提供必要的支持和帮助，为患者创造一个安全和舒适的环境，并帮助他们建立健康的生活习惯。

因此，本书策划的初衷，就是从家属和患者自身的角度出发，给家庭成员提供了实用的建议和技巧，帮助他们更好地理解和关心患者，给出了如何进行合理陪伴的建议，以及如何在适当的时候合理的推动患者寻求专业帮助，让关爱不仅停留在表面，更能深入到患者的心里，有益于患者更好更快的康复。

内容方面，本书以科学的态度，深入浅出的语言，分别从抑郁症和躁狂症（双相情感障碍）的识别入手，引导读者了解这两种疾病的症状、原因和诊断方法，帮助家庭成员理解抑郁症患者真实疾病表现和需求，理解抑郁症患者所经历的痛苦和挣扎。

在接下来的章节中，本书详细介绍了抑郁症和躁狂症（双相情感障碍）的治疗方法，包括药物治疗、心理治疗和生活方式的调整，为患者提供了全方位的治疗方案。

在家庭陪伴照顾方面，本书强调了家属在患者康复过程中的重要角色，通过详细列举的护理措施和心理支持方法，帮助家长更好地照顾患者，使他们能够在一个充满爱和关怀的环境中康复。此外，本书还指导患者如何自我照顾，让他们能够通过自身的努力，更好地应对疾病带来的困扰。

本书很有价值的地方就是精选和整理了大量来源于患者家属和读者的真实问题，请作者答疑解惑，帮助家属和患者提高认知，少走弯路，少犯错误，早日康复。

最后，作为编辑和策划人，希望本书的出版能够让更多的父母和家属觉醒、自我改变，给患者特别是青少年患者创造正向的成长和疗愈环境，减少悲剧的发生。

希望本书的出版能让更多的人了解抑郁症并不是一种想象出来的疾病，更不是一种懦弱的表现，而是一种实实在在的精神疾病，需要我们的理解与关爱，拒绝歧视和冷暴力。

希望本书的出版更希望让更多患者相信，及时接受治疗，早日找到适合自己的抗抑郁方法和抗抑郁之路，一定能早日恢复健康。

希望这是一本充满爱意的书，是一本给人希望的书，更是一本提高我们对抑郁症认知的书。理解才能更好地陪伴，患者想要的爱和陪伴，才是最需要和最温暖的陪伴。让我们用理解与关爱为他们点亮一盏希望的明灯，帮助他们早日康复。

刘玉锋
2024 年 4 月
南京玄武湖畔

目录

第一章

怎样发现抑郁症

抑郁症是以脑子反应迟钝、想自杀、懒动、厌食(更多是挑食)、怕出门为特征的一种疾病。近50年来,抑郁症的诊断越来越多,不仅是因为人们的生活压力越来越大,更是因为人们对抑郁症的认识越来越高。以前,民间会将同样的抑郁症症状归为认知和品质问题,例如,懒动、挑食归为好吃懒做,想自杀归为想不开,脑子反应迟钝归为江郎才尽,怕出门归为性格问题。于是会进行相应的教育和行为纠正,结果教育力度越大,结局越糟,最终患者自杀。教育者摇头:“不可救药”“无药可救”或“没挽救过来”。

第一节　抑郁症有哪些表现

一、抑郁症有哪些典型精神症状

一般人认为,抑郁是外界刺激引起的,例如父母或老师责罚。实际上,一半的抑郁发作无外界刺激,是自发性的;或首次发作是外界刺激引起,而之后的发作则是自发性的。故重性抑郁症是内源性疾病,其发病关键不是外界刺激,而是自身脑能量的代谢不足,外界刺激只是脑能量失代偿的诱因,不是病因。脑能量代谢不足在视觉区引起灰暗感;在情感区引起空虚感;在思维区引起脑疲劳感;在运动区引起体疲劳感。

（一）灰暗感

1. 感受：当出现灰暗感时，会有外灰暗感和内灰暗感两种，外灰暗感是看客观世界灰暗，就是常人看黄昏世界的感觉，把五彩斑斓的世界看成黑白两色，感到“天是灰的，地是灰的，人也是灰的”。再重一些，感到“自己在深井里出不来”。内灰暗感是主观世界灰暗，由轻到重依次为灰色、深蓝色、地狱般的黑暗。灰暗感加抑郁，叫忧郁，比一般的抑郁要重一级。

2. 影响：灰暗感会引发阴森的感受，如阴冷感；灰暗感会引发阴森的情感，这时喜欢玩恐怖冒险的游戏；灰暗感会引发阴森的梦境，例如，梦见自己在一个没窗子的小破旧屋里做生意，昏黄的灯光，墙壁上裸露出砖块。

（二）空虚感

空虚感是一种价值、自信、灵魂被清空感，心里空落落的，故患者主诉“心里难过”。

1. 无价值感：在价值感被清空后，患者因“快感缺失”而情感低落，因情感低落而日子难熬，因日子难熬而怪父母不该生他。快感缺失在食欲上表现厌食（例如，一天只吃一顿）、挑食，点外卖时选重口味（如辣、腻、甜）食物；性欲上表现性欲减退，导致夫妻关系不和谐。

2. 无自信感：在自信感被清空后，对能做好的事也觉得没信心，从而回避去做，继而感到自己无用，悲观绝望，想死。

3. 无灵魂感：在灵魂被清空后，患者感到丢了魂，自我缺乏主见，像行尸走肉一样地活着。躯体还在，但心空了，俗称“空心病”。患者会用忙碌（工作狂）或不停进食（贪食）来填补这种清空感。

4. 欲哭无泪和放声大哭：

（1）欲哭无泪：许多抑郁患者欲哭无泪。因为情感相关脑区能量不足，导致空虚感，想哭；而支配哭的相应脑区能量不足，故哭不出来。

（2）放声大哭：有的抑郁症患者放声大哭。因为与情感相关的脑区能量不足就想哭；支配哭的相应脑区能量过盛，就夸张性地放声大哭。这种有的脑区能量不足，而有的脑区能量过盛，提示患者是混合性抑郁，可能（但不一定）有双相潜质。

（三）脑疲劳感

脑疲劳感主要表现为思维迟缓。思维迟缓的三个特征：糊、断、慢。

1. 糊：因为脑能量不足，故思维不清晰，读不进书。自语可让思维清晰一些，故抑郁症患者可有自语，自语内容与抑郁背景有关，例如："我父亲已经66岁了，万一他病倒了，我该怎么办？"

2. 断：因为思维不清晰，导致逻辑链不清晰，所以说话断断续续。因为逻辑链常中断，故思维像被剪断的多个线头，互不关联。如果思维从模糊到消失，就感知不到思维。

3. 慢：因为脑能量不足，导致注意集中的过程变慢，叫注意迟缓。注意迟缓导致回答问题慢，读书进入状态慢，做题速度慢，注意力由一件事转为另一件事慢。因此，思维要从原有的内容中跳出来就难，患者倾向以同样的思维方式，反复思考同一件事，且得不出新结论，叫思维反刍。思维反刍的内容常为一些不愉快的事情，从而延长了心绪不良的持续时间，故抑郁症患者常伴有心绪不良。

（四）体疲劳感

体疲劳感是即使经过充分休息，依然不能缓解躯体的疲乏感，这就削弱了克服困难的心理过程，后者叫意志减退。意志减退可表现为"四怕"和犹豫不决。

1. "四怕"：是指① 怕外出：讲好去医院的，到时又不想去了；② 怕社交：取快递时都不敢说话；③ 怕困难：自己当了7～8年的小学教师，想到要开学，就压力山大；④ 怕遇事：遇一点不顺心的事就泪奔，像"水瓶胆"一样易破碎。

2. 犹豫不决：患者知道这事有必要做；但又怕做，是做呢？还是不做呢？患者会犹豫不决。例如，不洗头吧头痒，所以有必要洗；但又懒得洗，是洗呢？还是不洗呢？

（五）抑郁会累到什么程度

抑郁的累可分为轻度、中度、重度。

1. 轻度：就是把要做的事情一拖再拖，拖到不能再拖时，才把事情做掉。例如，患者下午放学回家，先玩3小时手机，然后再开始做功课。主要是启动难，真正干起来，也不觉得多难。虽然上班、上学吃力，但还能坚持。

2. 中度：就是做事一拖再拖，拖到不能再拖时，也没把事情做了。例如，患者早上在家人的催促下，磨磨蹭蹭地穿好校服，坐下说缓一会儿，然后去卫生间，出来后又坐会，然后躺上床睡觉了，最终还是没去上学。

中度意志减退时，由于能量不足，可开启“节能模式”：关闭耗能高、可有可无的程序，保持一个低耗能状态。例如，平时不肯出门和洗漱，成天在家躺着。朋友邀他出门社交或旅游时，洗漱和出门暂时正常，回家又躺在床上。

3. 重度：重度意志减退就持续卧床，只有小便憋得膀胱痛才下床一次，即抑郁性木僵。持续卧床导致大部分时间都在睡觉，故晚上睡不着、早醒，结果是晨昏颠倒。如果抑郁性木僵＋抑郁性人格解体，则运动和感知都闭塞了。例如，抑郁症患者一遇应激，就不能动，看不清也听不清外界的事物。

二、抑郁症有哪些典型躯体症状

（一）饮食和睡眠

1. 贪食和厌食：饱食中枢位于下丘脑的腹内侧核，这里能量代谢不足就不知饱→贪食→体重增加→肥胖；饥饿中枢位于下丘脑的腹外侧核，这里能量代谢不足就不知饿→厌食→体重下降→消瘦。抑郁症的贪食和厌食经常交织在一起，导致选择性厌食，即家里饭菜不吃，只吃外面的饭菜，白开水不喝，只喝饮料。

2. 入睡延迟和思睡：睡眠中枢位于下丘脑视前区，这里能量代谢不足导致入睡困难，故抑郁症常见睡眠延迟；觉醒中枢位于下丘脑乳头核，这里能量代谢不足导致思睡。

（二）感觉

1. 胸口发堵：脑岛是管内脏感受的，当抑郁症患者的脑岛能量不足时，轻则胸口"像堵着一块石头一样"；重则呼吸困难和濒死感→惊恐发作。这就可以解释：① 惊恐障碍患者比普通人易感抑郁症；② 抑郁症患者比普通人易感惊恐发作。另一方面，当抑郁的能量不足时，不自主的呼吸都费力，患者需辅以自主呼吸，即叹气。

2. 慢性躯体疼痛：抑郁症患者中枢去甲肾上腺素能不足，导致情绪低落；当蓝斑—脊髓后角去甲肾上腺素能不足时，外周感觉信号进入脊髓后角得不到抑制，痛觉信号被放大并传入中枢，引起颈痛、背痛、腰痛、骶尾部痛、屁股痛、两膝关节痛，这种情况用增加去甲肾上腺素能传导的文拉法辛缓释剂 75 mg/早 或度洛西汀 60 mg/早，或阿米替林 25 mg/早，25 mg/晚明确有效。可是，如果是双相抑郁，文拉法辛、度洛西汀或阿米替林易诱发躁狂，应选用加巴喷丁第一天 300 mg/晚，第二天起 300 mg/早，300 mg/晚为宜。

3. 怕光：一些抑郁症患者视觉警醒度过高，看书要在柔和的光线下看，白天要半掩窗帘；晚上要在台灯下看书，否则就注意力不集中，这叫视觉增强。

4. 电击感：抑郁症患者在运动或吃饭时，很少会因身体发热而诱发前胸、后背的电击感，出现这种情况要考虑是神经脱髓鞘（不意味着就是多发性硬化），可试用丙戊酸钠缓释剂 500 mg/早 治疗。

（三）代谢

1. 嘴唇发紫：有的抑郁发作时，除了面色阴沉外，嘴唇还发紫，这是全身能量代谢下降，血液循环减慢，还原血红蛋白（携带二氧化碳的血红蛋白）升高所致。相反，有的躁狂发作时，脸色红润，这是全身能量代谢升高，血液循环加速，氧合血红蛋白（携带氧气的血红蛋白）升高所致。

2. 怕冷：有的抑郁发作时，会全身怕冷，这是因为全身能量代谢下降，导致产热不足所致。如果抑郁症患者一会怕冷，一会怕热，怕冷则是抑郁的全身能量代谢下降，而怕热则是抑郁伴发焦虑引起的交感神经兴奋→代谢增加所致。两组机制交替发作。

三、抑郁症晨重夕轻节律衍生的症状

（一）饮食和睡眠

1. 食欲节律：阻滞性抑郁可有厌食，由于抑郁的晨重夕轻节律，导致晨厌食，晚贪食。

2. 晚睡晚起：由于抑郁的晨重夕轻节律，早晨抑郁重，懒得起，白天睡眠多，运动少；晚上抑郁轻，精力好，入睡难，故晚睡晚起。

（二）上学困难

1. 说话不算数：由于抑郁的晨重夕轻节律，晚上心情和精神好转，决定明晨上学，可明晨抑郁又加重，不肯上学。给人一种感觉：患者说话不算数。

2. 只上半天学：由于抑郁的晨重夕轻节律，早晨抑郁重，无力上学；中午以后抑郁减轻，故每天下午上半天学。

（三）服药和自杀节律

1. 晚上才肯服药：混合性抑郁患者的脾气大、服药不依从。根据混合性抑郁的晨重夕轻节律，则可能早晨拒药，晚间又肯服药。

2. 凌晨自杀：抑郁倾向凌晨早醒，此时抑郁最重，想想生无可恋，很可能自缢。此时，家人正在熟睡；夜班护士也最疲倦，不易发现患者的自缢行为，可导致严重后果。

第二节　抑郁症可伴发哪些不典型精神症状

一、自述情感淡漠

抑郁症不会有情感淡漠：说抑郁症患者有情感淡漠，一种是抑郁性木僵时，表情肌都懒得动一下，出现表情淡漠；误判为情感淡漠；第二种是抑郁重到情感麻木，已察觉不到内心的情感体验，患者认为自己没情感了，主诉“情感淡漠”。凡是主诉自己“情感淡漠”的，都不是情感淡漠，而是情感麻木。因为情感淡漠不认为自己不正常，不会主诉自己是情感淡漠；只有情感麻木时，才感到自己不正常，才会主诉自己“情感淡漠”。

二、何时才能不幼稚

1. 现象：一些抑郁症患者在症状初步缓解后，在公众场合下行为正常，回到家里就像个儿童，黏着家人哄闹，哄闹时幼稚，反复说一些并不好笑的“笑话”，自娱自乐，例如“我是妈妈的熊猫宝宝”。过一会就喊一声“妈妈”，其实没话要说，但就是要喊，或喜欢与妈妈打闹，挠妈妈痒，趴在妈妈耳旁唱歌。

2. 机制：长期的社会化教育使我们“从心”社会化了，在家里、家外一样持重，但少数成人并没有“从心”社会化，一回到家就恢复到儿童样的幼稚，有些“不正经”，这也属正常，毕竟家庭是休息的港湾，难道不能放松一下吗？不过，这种“不正经”的程度越重，频度越高，持续时间越长，说明他在外面的社会化越需要装，适应越困难。抑郁症在家里“不正经”的程度越重，频度越高，持续时间越长，也说明他在外面的社会化越是要装，才被社会视为正常，而装得越费力，就越难持久地融入社会。所以，这种患者即使外出工作，也比常人坚持的时间短，更容易辞职回家。

3. 家人不耐烦：家人对患者的幼稚、“不正经”的容忍度，取决于其程度、频度和持续时间。程度越重，频度越高，持续时间越长，家人就越不耐烦。

4. 治疗：幼稚、“不正经”归根结底是无聊的结果，应培养兴趣、追求，一旦有正事忙起来，这种幼稚、“不正经”现象就自然消退。

三、话多后我不见了

病例：21 岁女性，躁狂时说了很多废话，持续几十分钟到几个小时，最后看大家都不理她，就感到很沮丧，随后感觉自己也不见了，不存在了。于是挨个问亲友，自己还在不在？“废话多”与“自己不见了”的时间比是4比1，每一两天就发作一次。

分析：正常人能感受到自己精神和躯体的存在。当患者感受不到自己的精神和躯体的存在时，就感到自己不见了，不存在了。该患者躁狂的“废话多”后，急转入抑郁，从而伴发精神人格解体和躯体人格解体，故感到自己不见了。

四、自己突然变成一个新身份

1. 概念：抑郁发作作为心理应激，可导致有分离素质的患者瞬间变成另一个新身份，这个新身份往往比患者的旧身份更强势，会说一些旧身份不敢说的话，发一些旧身份不敢发的脾气。等新身份消失，人格回到旧身份时，对新身份的言行不再能回忆，提示在新身份发作期间有意识障碍，这叫交替人格，属于分离性障碍（旧称癔症）。

2. 病例：12岁的双相抑郁女孩，一天晚上突然称自己是“克里斯托”，眼神像婴儿一样迷离，因小猫不和她睡觉，就想杀死小猫；说想杀死父母，因为父母死了才很可爱；妈妈当时告诉她，爸爸妈妈还活着，她说“克里斯托”没有爸爸妈妈，“克里斯托”已经杀死了他们；“克里斯托”喜欢燃烧蜡烛，说那是人的灵魂。过了一个半小时，患者突然回过神来，看见自己一裤子的蜡，问怎么回事？完全不记得刚才的事了。过了几天，下午难受时又变成了“克里斯托”，烧了蜡烛，睡了一会，十几分钟醒来，也不记得烧蜡烛的事了。

3. 发作时有意识障碍：当新身份发作时，尽管态度上比患者旧身份更强势，但总体两眼无神，面无表情，说话不畅，像是背书。

4. 发作时意识障碍的程度：患者由旧身份变成新身份，或由新身份变回旧身份，都要经历一个瞌睡的过程（短的只有5秒钟），说明瞌睡是旧身份与新身份互变的桥梁，旧身份时意识清晰，而新身份时意识障碍，中间隔着瞌睡，提示新身份时的意识障碍比瞌睡时还深。新身份发作的持续时间短到可不足半分钟，且反复发作。

五、自己身上突然添加了一个新身份

1. 概念：抑郁发作作为心理应激，导致有分离素质的患者瞬间添加了一个新身份（例如生物、精灵），与旧身份共居于自己的身体内。这个新身份往往比旧身份更强势，会说一些旧身份不敢说的话，发一些旧身份不敢发的脾气。等新身份消失，身体内只剩下旧身份时，对新身份的言行能够回忆，提示在添加了一个新身份期间，无明显意识障碍，这叫双重人格，也属于分离性障碍（旧称癔症）。

2. 病例：29 岁的双相抑郁女性述，“我还有些人格分裂的感觉，一个人格叫维德，就是不择手段地要前进，情绪愤怒；另一个人格是程心，总是选择自我牺牲，情绪悲哀和怜悯”。其中“维德”代表的是躁狂，“程心”代表的是抑郁，当时患者是情感混合状态。

3. 双重人格与交替人格的鉴别：双重人格是旧身份与新身份共处于自己身体内，而交替人格是当时旧身份不在了，只有新身份在自己身体内。一次患者说，又有人附体了，妈妈就打患者，目的是驱赶那个附体的人。患者喊：“妈妈你别打她，她就是我”，说明在同一个身体里，她和我是一个人，只是发作时分成两个身份，被打时警醒增加，又合为一，这是双重人格。双重人格在缓解后能回忆发作期的说话和行为，而交替人格在缓解后不能回忆发作期的说话和行为。所以，对有附体体验病史者，你问他还能记得附体发作期的说话和行为，能记得的是双重人格，记不得的是交替人格。但也有例外，有的交替人格事后也能回忆发作期的说话和行为，那你就问她，发作时自己还在不在身上，在身上的是双重人格，不在身上的是交替人格。

4. 附体的生物、精灵与患者共用身体的资源：当附体的生物或精灵在操纵精神活动时，患者有被动体验。例如，明明是自己在按手机或说话，却说是鬼在按手机或说话。过一会，又变成自己在按手机或说话，自己与鬼对身体资源的使用是交替的，就像是两家合用一个煤气灶头，同一时间只能是一家在用，不可能两家同时用。

六、连感觉都变迟钝了

1. 听觉迟钝：抑郁症患者的颞叶听觉中枢能量不足，对听觉迟钝，开音响需比常人的音量大。上课听不清楚老师的讲话，老师讲课的声音大，才能听到一点点。

2. 嗅觉迟钝：抑郁症患者的海马回沟和海马回前部能量不足，对嗅觉迟钝。抽烟感受不到烟草的那种刺激感。

3. 味觉迟钝：抑郁症患者脑岛的味觉中枢能量不足，对味觉迟钝，对正常口味的食物感到没味道，需要吃重口味的食品才能感受到，所以这些患者常贪吃重辣、重甜、重油的食物，不肯吃家里的饭菜，经常要变着花样点外卖。

4. 触觉迟钝：抑郁症患者的顶叶感觉中枢能量不足，用手触摸腿时，感觉不很强烈。

第三节　怎样诊断抑郁症

一、美国精神疾病诊断与统计手册第五版（DSM－Ⅴ）的重性抑郁发作诊断标准

A. 至少符合下列 5 条症状，至少持续 2 周时间，其中第一条抑郁心境或第二条兴趣或愉快感缺失这两项中至少要符合一项。

1. 一天的大部分时间都有抑郁心境，差不多每天都有抑郁心境，例如，主观报告悲哀、空虚或绝望，或其他人观察到其流眼泪（儿童和青少年可表现为易激惹心境）。

2. 如主观叙述或观察表明的，一天的大部分时间和差不多每天在各方面或几乎各方面都明显降低兴趣或愉快感，降低了活动。

3. 在不忌口的情况下明显减轻体重或增加体重(一个月内体重改变>5%),或差不多每天都食欲减退或增加,儿童因处于发育期间,如达不到预期的体重增加,应判定为体重减轻。

4. 差不多每天都失眠或睡眠过多。

5. 差不多每天都精神运动性激越或阻滞:由别人观察到,而不仅是患者主观感受到坐立不安或动作迟缓。

6. 差不多每天都感到疲劳或精力不足。

7. 差不多每天都感到无价值感或过度的或不适当的内疚感,内疚感可能是妄想性的,不仅是对患病的自责或内疚。

8. 如主观叙述或别人观察到的,差不多每天都有思维能力减退、注意力减退或犹豫不决。

9. 反复想到死亡(不仅是对垂死的害怕),反复出现不伴具体计划的自杀观念、自杀企图或自杀的具体计划。

B. 这些症状引起有临床意义的痛苦,或引起社交、职业或其他重要领域的功能显著损害。

C. 该发作不能归为一种物质或另一种内科疾病的生理效应。

二、抑郁症的种类

1. 重性抑郁症与双相抑郁症:重性抑郁症就是单纯有抑郁发作,从无轻躁狂或躁狂发作;双相抑郁症就是除了重性抑郁发作以外,既往还有躁狂或轻躁狂发作史(详细内容将在第五章中介绍)。

2. 精神病性抑郁:又称伴精神病症状的抑郁症,是在抑郁症基础上,伴有幻觉妄想。例如,患者感到活着没意思,觉得同学在背后议论她。并感觉有人揪自己的头发,问自己为什么来上学。但幻觉妄想短于或等于抑郁的持续发作时间。

3. 谵妄性抑郁:谵妄性抑郁是急性抑郁+意识障碍,意识障碍的持续时间往往很短,多在一天以内。例如,早饭时诉有种被抑郁情绪包住的感受,到下午就回忆不起来“被包住”的感受。

4. 季节性情感障碍：季节性情感障碍是至少连续2年的秋冬发抑郁，春夏缓解。越到冬天越懒动、思睡。例如，每年10月份阴雨霏霏，患者多数时间都躺在床上，自觉身体下沉，脑子不转，难以完成作业，可用安非他酮150 mg/早 治疗。季节性情感障碍既可见于双相抑郁，也可见于重性抑郁。

5. 持续性抑郁障碍：一般的抑郁发作一次历时是半年至2年，然后自发缓解，下次还可复发。持续性抑郁障碍是抑郁发作一次历时2年以上不缓解。例如：女，36岁，童年期受到冷暴力，导致中小学时代一直不开心，抑郁成了基础性格，对死亡缺乏畏惧，觉得过马路时被车撞死也没关系；那些不开心的日子导致她下不了床，不去学习了，相对开心的那10年只是抑郁程度不严重而已。近一段时间每月有半个月需躺在沙发上，心情正常，好点就干活，不好就躺着，基本能应付工作。

6. 一过性反复发作性抑郁症：一般的抑郁发作一次持续14天以上。一过性反复发作性抑郁症是每次抑郁发作持续不到14天就自发缓解，但总是反复发作。例如：女，32岁，反复出现无动力发作，短则3天，长则不到2周，当时有抑郁情绪，没兴致做事，脑子转得慢。

三、鉴别诊断

1. 精神分裂症：精神分裂症是在找不到其他原因的基础上，持续出现幻觉和妄想。如果在出现幻觉妄想以前，就有抑郁或心绪不良发作，且抑郁或心绪不良贯穿幻觉妄想的全程，则诊断为伴精神病症状的抑郁症。例如，最初经常哭闹，辍学在家，称很孤独，希望有人陪她说话，结果脑子里果真就有声音说话了，这就诊断为伴精神病症状的重性抑郁症。如果后来抑郁或心绪不良消失，脑中的声音在2周内消失，可诊断为伴精神病症状的重性抑郁症。如果后来抑郁或心绪不良消失，脑中的声音持续2周以上不消失，则诊断为分裂-情感性障碍。

在幻觉妄想出现之前，可有冷漠、不关心、不在乎，这不是抑郁症状，而是阴性症状，之后再出现幻觉妄想，则诊断为精神分裂症。例如，最初成绩逐渐下降，不做功课，无所谓，不与人交往，对将来无打算，后来无端听到声音在评论自己，这是精神分裂症。

精神分裂症的幻觉妄想已缓解，但患者把患精神分裂症作为一个心理应激因素，产生继发性抑郁，称为精神分裂症后抑郁。

2. 双相障碍：相对于双相障碍来说，重性抑郁症永远是一个暂定性诊断，在有抑郁发作史基础上，任何时候找到躁狂/轻躁狂证据，就立即修改为双相障碍。一旦诊断为双相障碍，即使此后再也没有躁狂/轻躁狂发作，也不会再改回重性抑郁症诊断。在抑郁发作期，用抗抑郁药效果不好，或开始有效但后来无效，或加用碳酸锂戏剧性缓解，或13岁以前首发抑郁，或发作混合性抑郁，伴烟酒滥用，或抑郁忽发忽止，都是双相障碍的高危因素。

3. 强迫症：如果既符合抑郁症诊断标准，又符合强迫症诊断标准，因为抑郁症的诊断级别比强迫症高，故诊断为抑郁症，而不诊断为强迫症。例如，与人不知怎样交往，没兴趣，作业不想做，反复摆弄水杯50～100次。反复洗手50～100次。诊断抑郁症，而不诊断强迫症，也不并列诊断。

4. 青春期逆反：青春期逆反是自以为成熟了，主张偏激，不听劝，实际上并不成熟。例如，喜欢打游戏，希望将来成为职业游戏能手，从而荒废学业；而抑郁则是悲观、厌世、懒动，虽然也打游戏，但只为消磨时间而已。

第四节　抑郁的易感因素和先驱症状

一、抑郁症的易感因素有哪些

抑郁症的易感因素有四种是内源性的，两种是外源性的。

（一）内源性因素

1. 家族精神病史：情感障碍家族的患病率是普通人群的10～30倍，

其中单相抑郁、35 岁以上发病的子女患病率靠近 10 倍，双相障碍、18 岁以前发病的子女患病率靠近 30 倍。有的家族遗传率很高，例如，一位父亲 50 多岁抑郁自杀，生有 4 个女儿，3 个患抑郁症，1 个患强迫症，其中 1 个抑郁症女儿婚后生了 1 个女儿（第三代），又患双相障碍。

有的家族患抑郁症，连自杀的年龄都大致相同，一位父亲生于 1890 年 11 月 15 日，自杀于 1948 年 11 月 13 日；女儿生于 1919 年 10 月 13 日，自杀于 1967 年 11 月 19 日，两人都活了 58 岁，都以自杀告终，都在 11 月份自杀，这是冬季抑郁的发作时间。这种遗传基因表达就像定时闹钟一样准确。

2. 先天脑损伤：先天脑损伤的因素包括怀孕期高血压、糖尿病、感染风疹、先兆流产、早产、分娩时用产钳、胎吸导致的新生儿产伤，这些因素都导致神经发育不良，表现走路晚、说话晚、小时非常好动，常有高热惊厥史，来月经晚，能控制不尿床晚，或长期有遗尿、漏尿史。神经发育不良是易感抑郁或双相障碍的非特异性因素。

3. 一过性精神症状：包括一度焦虑（如不敢关灯睡觉，想到上学就胃痛）、强迫（如做完作业要检查很多遍）、恐怖（如过度害怕传染病），一过性人格解体（如感到自己处于一个混沌的球体里）、感知综合障碍（如在树下走时，感到天空和树都拉高了）、入睡前幻觉（如闭上眼睛就过电影）、易感谵妄（如发热 37 度多就说胡话）。这些都是一过性精神失代偿，有可能将来会持续精神失代偿（包括抑郁症或双相障碍），当然没有特异性。

4. 性格：抑郁症患者病前有三个性格特征。一是精神能量不足，表现感兴趣的事情少，不愿与陌生人交流，说话、做事慢，跟不上节律，从而引发抑郁。二是过度消耗精神能量，因为缺乏安全感，所以加倍努力学习和工作，业绩自然不错，在轻、中度应激场合下，他们因过度努力而往往成为赢家；到了高度应激场合（例如高考），大家都很拼，他们再也拿不出更多的能量去拼，最终成为输家，引发抑郁。三是转弯能力差，儿童时就“犟”，长时间啼哭，成年后不会见风使舵，因不适应而引发抑郁。其实转弯能力差也是脑能量供给不足的表现。

（二）外源性因素

1. 家庭不和：父母经常吵架，父母双方至少有一方是神经质性格，这种性格传至子代，增加抑郁发生率。

父母经常吵架作为应激因素，会引起儿童心理创伤，导致基础警醒度比其他儿童为高，将来再遇到其他心理应激，警醒度容易过度升高，易感失眠、焦虑、恐怖。警醒性过高会耗竭脑能量，脑能量耗竭会引起抑郁发作。

2. 应激：尽管抑郁在首次发作时，50%的有应激因素（例如中考、高考前紧张地复习），那为什么其他人在同样应激中能挺过去，唯独患者就挺不过去而发抑郁呢？因为在应激过程中，患者经不起应激时的脑能量大量消耗，脑能量耗竭而引起抑郁，而其他人经得起应激时脑能量的大量消耗，脑能量未耗竭，故不出现抑郁。其中一些人面对应激时反应较小，“考不好就考不好，我就这样”，脑能量消耗较少，也不出现抑郁。所以，安于现状的差生是不会得抑郁的。而心理期望与现实状况落差大，自己尽了力，又无力回天，且不接受现实状况的人，才易得抑郁。

二、抑郁症有哪些先驱症状

1. 头痛：青少年抑郁发作前可有头痛史，动脑或疲劳时出现。脑 CT 查不出问题，1～2 年后才发抑郁。如果头痛是电麻痛，则要考虑是神经脱髓鞘症状，试用德巴金 500 mg/早 治疗；如果头痛与心绪不良或焦虑性抑郁有关，可能是中枢 5 -羟色胺能不足所致，试用艾司西酞普兰 10 mg/早 治疗；如果头痛是搏动性跳痛，坐车颠簸就加重，可能是去甲肾上腺素不足所致，试用文拉法辛缓释剂 75 mg/早 治疗。如果头痛像戴“帽胆”一样的头皮发紧，试用氯硝西泮 0.5 mg/早，0.5 mg/晚 治疗。

2. 胃痛：青少年抑郁发作前可有胃痛史，动脑就胃痛，机制可能是：脑能量供给不足的人，动脑就是心理应激，导致交感神经兴奋，引起胃痉挛性疼痛，可试用黛力新 1 片/早，1 片/中 治疗。

3. 头皮屑多：青少年抑郁发作前半年可有头皮屑多，经常挠头皮。机制可能是：心理应激→交感神经兴奋→去甲肾上腺素释放增加→头皮血管收缩→头皮营养不良→头皮屑增多。

4. 注意力不集中：青少年抑郁发作前就开始注意力不集中，学习能力下降，不愿上学。机制可能是：前额皮质背外侧部能量供给不足导致认知减退。当时前额皮质腹内侧部能量供给尚未不足，故抑郁还未出现。

5. 下床气：抑郁的生物节律是晨重夕轻，即早晨抑郁最重，晚上有所减轻，随着抑郁程度的减轻，抑郁递次为晚上缓解、下午缓解、中午缓解、上午 9 点缓解、下床时过一会就缓解（下床气）。所以，下床气可视为抑郁晨重夕轻的最轻型。如果只有下床气，没有临床抑郁发作，又不损害社会功能，不算病，不用处理；如果开始是下床气，后来逐渐发展成抑郁症，则下床气是抑郁症的前驱症状；如果既往抑郁发作前不久有下床气，这次又出现下床气，应视作抑郁发作的前驱症状，应加强抗抑郁药或心境稳定剂治疗；如果抑郁已缓解，还残留下床气，则下床气应视作抑郁的残留症状，应加强（至少不能减弱）抗抑郁药或心境稳定剂治疗。

家族有抑郁症或双相障碍史，子女出现上述症状之一，应警惕将来是否会发生抑郁症或双相障碍，对其学习要求应有所下降，对其家庭争执应有所退让，对查不出原因的头痛和胃痛，尽早看精神科。

第二章

怎样治疗抑郁症

抑郁症是脑能量代谢不足所致，中、重度抑郁症不能指望心理治疗，需用药物治疗。

第一节　治疗抑郁症有哪些药物

一、治疗双相抑郁的三类药物

1. 心境稳定剂：碳酸锂和丙戊酸钠的抗躁狂效果好，抗抑郁效果差。当混合性抑郁发作时，常用碳酸锂联合丙戊酸钠治疗，此时丙戊酸钠比碳酸锂的效果还好。当阻滞性抑郁发作时，用拉莫三嗪较有效。

2. 不典型抗精神病药：对双相Ⅰ型障碍的抑郁发作，疗效好的药物有喹硫平、奥氮平、鲁拉西酮、阿立哌唑，其中伴焦虑、失眠的抑郁用喹硫平、奥氮平效果好，但奥氮平发胖太突出，故降为二线药物；以懒动为突出的抑郁用鲁拉西酮、阿立哌唑效果好。

3. 抗抑郁药：双相抑郁症患者只有因喹硫平、奥氮平、鲁拉西酮、阿立哌唑、氨磺必利、拉莫三嗪治疗无效或不宜使用时，才考虑用抗抑郁药。其中焦虑性抑郁（焦虑＋失眠＋抑郁）可用艾司西酞普兰（百适可）5～10 mg/早＋氯硝西泮 0.5 mg/早，0.5 mg/晚；阻滞性抑郁（懒动＋多睡＋抑郁）可用氟西汀（开克）20 mg/早 或安非他酮 75 mg/早。双相抑郁用抗抑郁药治疗的有效率是1/6。

治疗双相抑郁的总原则是：在碳酸锂和/或丙戊酸钠基础上，如为阻滞性抑郁，则添加拉莫三嗪、阿立哌唑或鲁拉西酮治疗，解决不了的才用氟西汀或安非他酮治疗；如为焦虑性抑郁，则添加喹硫平或奥氮平治疗，解决不了的才用艾司西酞普兰联合氯硝西泮治疗。

治疗重性抑郁症的总原则是用抗抑郁药治疗，解决不了的才辅助心境稳定剂或不典型抗精神病药。

二、碳酸锂在单相抑郁和双相抑郁中的治疗地位

1. 碳酸锂用于单相抑郁：碳酸锂可增效治疗单相抑郁，但效果不稳定，有的有效，有的无效甚至恶化。有效的更可能是潜在的双相抑郁，无效或恶化的更可能是单相抑郁。事前能预测有效吗？能！起病年龄18岁以下、混合性抑郁、有药源性躁狂史、有双相家族史、两种抗抑郁药足量足程无效、有物质滥用史的单相抑郁，服碳酸锂的有效率较高。

2. 碳酸锂用于双相抑郁：美国食品药品管理局从未批准碳酸锂治疗急性双相抑郁。只批准奥氮平＋氟西汀、喹硫平、鲁拉西酮治疗急性双相抑郁。所以，碳酸锂作为双相抑郁的基础药物，是防止循环发作，但对双相抑郁的疗效并不很好。

三、抗抑郁药诱发躁狂

抗抑郁药诱发躁狂的概率国外报道是1/200，而我们却很常见，可能是人家已剔除了自发性躁狂。抗抑郁药诱发躁狂的风险应从双相障碍类型和抗抑郁药种类两方面去评价。

1. 双相障碍类型：超超快速循环和超快速循环性双相障碍本身就已经是躁狂-抑郁快速循环，用抗抑郁药将恶化这种循环，诱发躁狂风险高，不能用；双相Ⅰ型、Ⅱ型和特殊性双相障碍，抗抑郁药诱发躁狂的严重度递次减轻，使用抗抑郁药的谨慎度也递次放松；双相Ⅲ型障碍应避免用曾诱发躁狂或轻躁狂的那种抗抑郁药，其他抗抑郁药还可尝试，如果其他抗

抑郁药的疗效都不好，唯独曾诱发躁狂或轻躁狂的那种抗抑郁药疗效好，也可再试该药，但应低于上次诱发躁狂或轻躁狂的剂量。能否下决心再用该药，取决于既往诱发的是躁狂还是轻躁狂：躁狂就不易下决心；轻躁狂就易下决心。

2. 抗抑郁药的种类：在诱发躁狂方面，多巴胺＜5-羟色胺＜去甲肾上腺素，抗抑郁药不易诱发躁狂的顺序依次为安非他酮＞氟西汀＞其他SSRIs（艾司西酞普兰、西酞普兰、舍曲林、氟伏沙明）＞帕罗西汀＞SNRIs（文拉法辛、度洛西汀、米拉普仑）＞三环抗抑郁药（阿米替林、氯丙咪嗪）。一般来说，排在前面的抗抑郁药已经诱发躁狂了，再用后面的抗抑郁药诱发风险更大，但也不一定，只有试过才知道。

3. 双相Ⅰ型抑郁从哪些方面考量该不该用抗抑郁药？抗抑郁药用于双相Ⅰ型比Ⅱ型抑郁更易诱发躁狂，诱发躁狂的后果也更严重，故双相Ⅰ型抑郁控制使用抗抑郁药的指证比双相Ⅱ型抑郁更严格。可是，双相Ⅰ型抑郁控制使用抗抑郁药的内部松紧度也很大。可用加分因素和减分因素来综合评价。

加分因素包括：

（1）抑郁越严重，越支持用抗抑郁药。

（2）抑郁用心境稳定剂和不典型抗精神病药越是无效，越支持用抗抑郁药。

（3）既往用抗抑郁药越有效，越支持用抗抑郁药。

（4）既往用抗抑郁药引发的躁狂破坏性越轻，越不忌惮用抗抑郁药。

减分因素包括：

（1）目前抑郁越是伴有频繁划手、烦躁、易激惹，越不支持用抗抑郁药。

（2）既往躁狂发作的次数越多（包括快速循环），越不支持用抗抑郁药。

（3）既往躁狂发作的持续时间越长，越不支持用抗抑郁药。

（4）既往躁狂发作对社会危害（例如攻击、破坏）和自我危害（乱花钱)程度越重,越不支持用抗抑郁药。

四、抗抑郁药是否会增加青少年抑郁的自杀机率

青少年抑郁很可能有双相潜质,单用抗抑郁药容易使原来的单纯抑郁转化成混合性抑郁,混合性抑郁就有那股冲动劲,会增加执行自杀的勇气。这就是抗抑郁药增加青少年抑郁自杀率的原因。

五、抑郁症患者如何使用优甲乐

1. 何时该用:只有当抑郁症伴有临床性或亚临床性甲状腺功能减退(后统称甲减)时,优甲乐才强化抗抑郁;而无甲状腺功能减退的抑郁症患者用优甲乐,则无强化作用。故抑郁症患者可先查甲状腺功能三项,促甲状腺激素(TSH)高于正常(亚临床性甲状腺功能减退)或三碘甲腺原氨酸(T_3)、四碘甲腺原氨酸(T_4)低于正常(临床性甲状腺功能减退),再用优甲乐,正常就不用优甲乐。

2. 用多大剂量:TSH 高于正常上界,但低于 10,就用优甲乐 25 μg/早;TSH≥10,就用优甲乐 50 μg/早。理论上是早饭前半小时服用,以增加其吸收率,但实际上难以长期做到。所以,只要能按时规则服用,就不错了,一个月后复查甲状腺功能 3 项,TSH 高于正常上限,就加优甲乐剂量;低于正常下限,就减优甲乐剂量,正常范围就维持优甲乐剂量。

3. 哪些抑郁症患者易感甲减?一般抑郁症患者的甲减率是 10%;快速循环性双相障碍患者的甲减率是 52%。所以,一旦出现快速循环性双相障碍,就应常规检查甲状腺功能三项。30%服碳酸锂的患者引起甲减;25%服丙戊酸钠的患者引起甲减。服这两种药无需常规查甲状腺功能三项,想到了才查,查出甲减也无需停用这两种药物,只要加用优甲乐治疗,将甲状腺功能调到正常范围内即可。

4. 促甲状腺激素高不一定要服用优甲乐吗?内分泌科医生认为,仅仅促甲状腺激素高,不算真正意义上的甲状腺功能减退,而是甲状腺功能减退的代偿期,只有三碘甲腺原氨酸(T_3)和/或四碘甲腺原氨酸(T_4)也

降低，才是真正意义上的甲状腺功能减退。所以，仅仅促甲状腺激素高不一定要用优甲乐治疗。而精神科医生认为，脑对甲状腺素的波动很敏感，即使处于甲减代偿期，也能促进抑郁和双相循环发作，故只要促甲状腺激素增高，就应使用优甲乐治疗。

5. 为何还要增量？用优甲乐 50 μg/早，促甲状腺激素已比上次降低了(例如由 13 mUI/L 降至 9 mUI/L)，为何优甲乐还要增量呢？因为促甲状腺激素仍高于正常上界(正常上界一般是 4.2 mUI/L 或 4.9 mUI/L，随化验室不同而有变异)。有的患者促甲状腺激素水平已在正常上界，为何优甲乐还要增量？因为有作者指出，优甲乐不仅要加到甲状腺功能值正常，而且要加到甲状腺功能值接近正常上限(即促甲状腺激素接近正常下界)，抗抑郁效果才好。

6. 优甲乐吃到甲状腺功能正常就可停用了？碳酸锂或丙戊酸钠引起的甲减，碳酸锂或丙戊酸钠停用，甲减就恢复，优甲乐自然可停用；如果是抑郁症或快速循环性双相障碍本身就伴随甲减，则甲减是素质性的，服用优甲乐导致甲状腺功能正常，但这种正常是服用优甲乐的结果，优甲乐一撤，甲状腺功能又降低了，故优甲乐不能撤。那优甲乐何时才能减量呢？等到促甲状腺激素低于正常下限，或 T_3、T_4 高于正常上限，才能减量。

7. 优甲乐和甲状腺素片有什么不同？优甲乐是四碘甲腺原氨酸，在体内要转化成三碘甲腺原氨酸才能抗抑郁、抗思睡、抗无力，是工业制品。有的患者服用后，没转化成三碘甲腺原氨酸，反倒转化成“反三碘甲腺原氨酸”，非但不抗抑郁，反倒更加思睡、无力。相反，甲状腺素是生物制品，是羊、猪的甲状腺晒干后研制而成，其中既有三碘甲腺原氨酸，又有四碘甲腺原氨酸，但含量和比例不稳定。不过，甲状腺素片中有三碘甲腺原氨酸，毕竟比优甲乐中无三碘甲腺原氨酸要好。

六、如何看待足量足疗程这个治疗说法

1. 什么叫足量足程：当抗抑郁或抗躁狂不见效时，需要将药物由起始量增至足够的治疗量(一般是指推荐最高治疗量的上 1/3 区间，例如，艾

司西酞普兰的最高治疗量是 20 mg/d，上 1/3 区间是 13.3～20 mg/d，碳酸锂的最高治疗量是 1 500 mg/d，上 1/3 区间是 1 000～1 500 mg/d)，这就是足量；抗抑郁足够的治疗量需要持续使用 2 周（书上说 6 周，是包括了逐渐加药和充分起效的过程)，碳酸锂的最高治疗量需要持续使用 7～10 天，这就是足程。

2. 为什么要足量足程：如果药物用的剂量较小，或刚用不久，见到无效就换药，则一种本来是有效的药物，因为没有足量足程，就被你换掉了。所以要强调，在药物足量足程无效的前提下，才能换药。

3. 已经有效还谈什么足量足程：如果药物不足量，但已经有效，何苦一定要用到足量？如果药物不足程，但已经有效，何苦还计较足不足程？目的都已达到，还计较手段做没做到位？

七、重性抑郁症的维持治疗

1. 维持剂量：一般的治疗指导主张，重性抑郁症的抗抑郁药维持量就是急性期治疗量，但在临床实践中，依然会减至中、低剂量维持，例如氟西汀 20 mg/早、帕罗西汀 20 mg/早。

2. 维持时间：不到 40 岁的重性抑郁症发作，第一次发作是治疗急性期 3 个月，持续期 3 个月，维持期 6 个月；第二次发作是治疗维持期 2 年，第三次发作是治疗维持期终生。40～49 岁的重性抑郁症发作，第一次发作就治疗维持期 2 年，第二次发作就治疗维持期终生。50 岁以后的重性抑郁发作，第一次发作就治疗维持期终生。为什么发病年龄越小，维持治疗时间越短？因为早年抑郁发作，与神经发育不良关系较大，神经发育不良似乎还有代偿机会，所以不急着终生维持治疗，想看看神经后来是否能代偿。40 岁以后发作抑郁的，就与神经老化（变性）关系较大，而神经老化只会越来越重，不可能减轻，所以恢复指望较小，倾向终生维持治疗。

八、双相抑郁的维持治疗

双相抑郁的维持用药可导致复发次数减少或复发程度减轻，但不保证一定不复发。

1. 维持时间：双相抑郁青少年(13～19 岁)首次发作，就要终生服药；有自杀史的，要终生服药。

2. 维持种类：抑郁想自杀，首选碳酸锂；抑郁想划手，首选丙戊酸钠。

3. 维持治疗：维持治疗应持续服心境稳定剂或不典型抗精神病药，断续服用比持续服用效果差，但比不服药要好些。双相抑郁症患者一般是经历了“停药—复发”两三个轮回，才逐渐知道持续服药的必要性。

4. 剂量调整：症状缓解，副作用不明显，剂量适中，就不必调整；尚有症状，副作用明显，剂量偏大，就要调整。

5. 减药顺序：如果困倦乏力，先减镇静性不典型抗精神病药(如喹硫平、奥氮平)，后减镇静性心境稳定剂(如碳酸锂、丙戊酸钠)，保留警醒性不典型抗精神病药(鲁拉西酮、阿立哌唑、氨磺必利)或警醒性心境稳定剂(如拉莫三嗪)。

6. 抗抑郁药维持时间：取决于双相患者的主要矛盾，主要矛盾是抑郁，只有抗抑郁药才有效，抗抑郁药就要长期服用(1 年以上)，直到下次出现躁狂症状为止；主要矛盾是轻躁狂/躁狂，则不用抗抑郁药，即使有重性抑郁，抗抑郁药也是短期使用，抑郁缓解 2～3 个月内即停用。

7. 深海鱼油：深海鱼油可补充脑能量。抑郁时脑能量不足，可用深海鱼油辅助治疗，但只是辅助，不起决定性作用；躁狂/轻躁狂期脑能量过盛，不可再用深海鱼油。

8. 宗教：患者对基督教或佛教有兴趣，那是他的自由，对病情有益无害，但不能取代药物治疗。

第二节　抑郁症直属症状的治疗

一、混合性抑郁老是要用劲怎么治疗

混合性抑郁者的体内有一股不愉快的劲，不发泄就心烦，要找途径发

泄，有两种发泄方式：一种是激烈方式，一种是温和方式。

（一）激烈方式

1. 大哭大喊：抑郁症患者因被掏空感而感到心里空落落地难过，所以想哭，混合性抑郁体内有一股不愉快的劲，此时既想哭又有劲要发泄，于是大哭大喊。轻的只是偶尔大喊一声，重的则是间歇性大喊，再重的，大喊的间歇期缩短，直喊到声音嘶哑。平时住在小区里，如经常听到邻家女生高声尖叫、哭喊，可能就是这种情况。

2. 剧烈运动：患者身上有股难受的劲，会做拉伸锻炼、舞剑、打拳、咬人、捶桌子、加速跑、摔东西。反正是怎么能用劲就做什么。做功课心烦时，把矿泉水空瓶子拧成一坨，画画心烦时，用笔使劲往画板上戳，或边画边捶床。

3. 自伤：一种是暴力自伤，用左手将小钢尺侧面固定在墙上，右拳猛捶钢尺，直到右拳被打破，才解气；或自扇耳光，直到把想死的想法扇没了为止；第二种是灼伤，右利手者倾向用香烟头烫灼左前臂，想通过疼痛来缓解内心紧张；第三种是通过医源性损伤来缓解内心紧张，例如，想到医院扎一次针；第四种是服药自伤，像惩罚自己一样，一次性服完一把药物，服完后求生欲又上来了，要家人送她去医院洗胃。

（二）温和方式

1. 抑郁性漫游：患者身上有一股劲要发泄，所以出去无目的游逛，直到精疲力竭为止。这时不能再用普拉克索、阿立哌唑、鲁拉西酮或拉莫三嗪，以免增加这股劲。

2. 刻板性做事：不停地做一些不重要的闲事，以发泄这股不愉快的劲。例如：把家里的衣服搬出来整理一遍，或把老照片搬出来整理一遍。

3. 激越：下意识地做一些无目的动作，来发泄这股不愉快的劲。例如，搓油泥、嗑瓜子、捏方便面、来回踱步。其实，抑郁性漫游不也是一种长程踱步吗？

4. 熬夜：患者本可按时入睡，却硬撑着，用熬夜来消耗这股不愉快的劲。氯硝西泮镇静效力强，1 小时内起效，对自虐性熬夜有立竿见影的效果。

（三）药物治疗

既然混合性抑郁有一股不愉快的劲要发泄，那我们就用药抽走这股不愉快的劲，发泄症状就会缓解。可选碳酸锂缓释片（起始量 300 mg/早，300 mg/晚，过 7 天可增至 450 mg/早，450 mg/晚）、丙戊酸钠缓释片（起始量500 mg/早，每 3～7 天增加 500 mg，最大剂量不超过 750 mg/早，750 mg/晚）、利培酮（起始量 1 mg/早，每 7 天增加 1 mg，最大剂量不超过 2 mg/早，2 mg/晚），可辅以氯硝西泮（起始量 1 mg/早，1 mg/晚，3～7 天之后还可增至 1.5 mg/早，1.5 mg/晚）。喹硫平增加去甲肾上腺素能，有可能增加这股不愉快的劲，不宜选用。阿立哌唑、低剂量氨磺必利（≤300 mg/d）、鲁拉西酮、拉莫三嗪都增加这股不愉快的劲，不宜选用。

二、烦躁的治疗

抑郁常伴烦躁，烦躁是指不耐烦、发脾气、划手自残，无法静心思考，是过度警醒的结果。这时要减停提高警醒度的药物（效力排序参照p39），加用碳酸锂、丙戊酸钠、利培酮、帕利哌酮、齐拉西酮或氯硝西泮，慎用喹硫平（后者有 30%的加重烦躁）。

三、划伤手臂怎么治疗

青少年抑郁经常用锐器划手，这里分述其原因、过程和治疗。

（一）原因

混合性抑郁症患者（女性为多）感到烦躁或紧张感，要找一个发泄口，故用锐器划手，通过疼痛、见血（见到血珠子就行），暂时缓解烦躁或紧张感，也有想让血液都流出来的想法，以缓解体内的燥热。有的患者见血还兴奋、想笑，说明有快感。

（二）过程

1. 工具：混合性抑郁女性划手臂的锐器包括水果刀、美工刀、小刀片、圆规针尖、铅笔尖、尺子尖，甚至用指甲划，用嘴咬。

2. 部位：一般人是右利手，会用右手划左手，被划的部位有左手背、左前臂背侧或腹侧；如果患者是左利手，划伤的则是右手背或右前臂。尽管腹侧比背侧的痛觉更敏感，但手臂放在桌上的自然体位是背部朝上，故划背侧比腹侧更方便。但由于腹侧比背侧痛觉敏感，故划腹侧的还是多一些。天冷穿得多，撸袖子困难，划手臂多靠近腕横纹部；天热穿得少，撸袖子容易，故划的部位多靠近肘横纹部。划完还可用袖子盖住，不让人发现。

3. 不学自会：划手的目的是缓解紧张和烦躁，是自发性的，不用传授，极少数患者是跟班上同学学着用小刀划手，但他一定有紧张和烦躁，否则谁也不想伤害自己的身体。

4. 反复划手：划手只是暂时缓解烦躁感。过一会儿烦躁感又上来了，所以再划第二刀、第三刀……等家长或医生看到时，左手背或前臂已有多道伤痕。

5. 深度：划手的目的不是自杀，所以每次划得都很浅，是刚划破皮的那种。如果不慎划得较深，也会叫父母陪着去医院缝针。

6. 疼痛程度轻：当患者很烦时，脊髓后角的去甲肾上腺素升高，去甲肾上腺素抑制外周神经传递进来的痛觉信号，故不觉得很痛。

7. 场合：患者划手多在无人场合下独自进行，因为不是为了要挟别人，而是为了缓解自我紧张感。事后还用袖口盖住，不想让人发现。

（三）治疗

1. 宜用的药物：可选碳酸锂、丙戊酸钠、利培酮，还可辅以氯硝西泮。

2. 不宜使用的抗精神病药：喹硫平增加去甲肾上腺素能，有可能加重烦躁，增加划手概率，不宜使用。提精神的阿立哌唑、低剂量氨磺必利（≤300 mg/d）或鲁拉西酮可恶化烦躁，增加划手概率，不宜使用。

3不宜使用抗抑郁药,尤其是增加去甲肾上腺素的抗抑郁药,例如文拉法辛、度洛西汀,会诱发或加重烦躁,加重划手,不宜使用。增加5-羟色胺能的帕罗西汀、艾司西酞普兰、舍曲林之类,虽然诱发或加重烦躁的程度较轻,但依然有,不宜使用。

最后,拉莫三嗪增加烦躁,不宜使用。

四、自杀怎么治疗

(一)自杀危险度

1. 自杀观念:就是想死,但停留在想的层面上,没有行动。例如,想撞头撞死自己。原因有① 外在因素:社交孤立、社交困境、被抛弃,导致焦虑、抑郁、绝望;② 物质使用:慢性酒精中毒增加自杀观念;个别老人随着米氮平剂量的增加,自杀观念加重;③ 内在因素:自我厌恶/耻辱、抑郁情绪、严重强迫、精神自动症(活得像傀儡,像行尸走肉)、情感麻木(体验不到自己的情感)。

2. 自杀企图:就是想死,且有自杀的物质准备。例如,想服毒自杀,已准备好一瓶安眠药;想上吊自杀,已买好麻绳;想跳楼,已坐上窗台,但没有实施自杀行为。

3. 准自杀行为:抑郁症患者因生气、委屈,冲动性将手边的20~30片药都服下去,想死了算了,但没认真估计过,这点药量能不能致死。服下去后,脑子才冷静下来,要家人送她去医院抢救。这种自杀手段通常不足以致死,故叫准自杀行为。"准",就是还不到的意思。

4. 自杀未遂:就是想死,且实施了足以致死的自杀行为,只是因意外原因没死成。例如,从六楼跳下,因为四楼的晾衣杆缓冲了一下,落在一楼水泥地上没死掉,只是骨盆骨折。

5. 自杀成功:就是想死,并实施了自杀行为,不幸死亡。

普通人群中12%的人有过自杀观念,5%的人有过自杀企图,1‰的人自杀未遂,0.1‰的人自杀死亡,故每看到一个人自杀死亡,就有10个人已实施过自杀，只是没死成；有 500 人有过自杀企图，1 200 人有过自杀观念。这样庞大的自杀预备队我们发现了吗？没有，没发现就没法事先提供帮助。

有患者问："你说自杀是抑郁的病理推动，那有些外国人认为，死亡是他们拥有的一项权利，是他们人生的一个选择。这又该怎么解释呢？"答：司马迁也认为，与其被官吏拷打、折磨、羞辱而死，不如自杀死亡，以免受辱。非抑郁症个体的自杀，都是为了摆脱现实无法解决的烦恼，例如，炒股亏了几百万，其中还有借朋友的钱，还不出，又逃不掉，只有跳楼自杀；又如，畏罪自杀是怕司法机关追责；再如，癌症晚期不堪疼痛折磨，跳楼自杀。相反，抑郁症的现实烦恼并未逼到这一步，只是因自己情感空虚、难过、无价值感而自杀，而这类症状是可治疗的，只是起效有一潜伏期，或寻找最佳方案需要一个时间过程。可是当抑郁严重时，患者就一刻也等不了，也不相信能治好，抑郁情绪推着他"赶快死掉、赶快死掉"，他那会相信，死掉就一了百了，不再痛苦了。

（二）什么情况下自杀时不感到抑郁和恐惧

自杀是一件痛苦的事情，不到走投无路，没人会想自杀。抑郁是为摆脱内心痛苦和悲观绝望而自杀。人格解体是因长期医治无效，偶尔也会服药过量自杀。有的事后回忆，"自杀时并无抑郁焦虑，也无绝望，只是觉得生命就到这儿了而已。服药过量后也不恐惧，像没事人一样继续玩手机，醒来就在医院了"。

为什么自杀前没有痛苦情感呢？其实不是没有，而是她体验不到这种痛苦情感；服药过量后她知道自己即将死亡，应感到恐惧，但她感受不到恐惧。这种有情感反应，但自己体验不到，叫情感缺失（情感麻木）。见于人格解体障碍，也见于抑郁症很严重时。

（三）中学预防自杀的现况

1. 中学生自杀：多数是重性抑郁症或双相抑郁引起的，少数是混合性抑郁引起（愤而自杀）。学习压力过大只是诱因，不是原因，理由是：① 大多数中学生在同样压力下，没有自杀；② 班上学习成绩真正垫底的没有自杀。

2. 抑郁率：重性抑郁症的终生患病率男性 10%，女性 20%，时点患病率男性 1%～2%，女性 2%～3%，这就意味着，一个班 50 人，此时此地，就有一个抑郁症患者，我们发现了吗？没有。当听说某学生跳楼了，才逆推他是抑郁症。回头看看眼前的学生，个个“正常”，你能保证他们明年没跳楼的？不能。要跳楼的学生不会跳出来说：“明年我跳”。

3. 心理科和心理咨询：中学生设有心理课，课上有“管理情绪、保持乐观”部分，这已经是最接近抑郁心理治疗的部分了。不过，只从正面引导，不从反面强调其血淋淋的自杀后果，不易触动学生的灵魂，被学生视为“废话”。许多中学配备了心理老师，去心理老师那里咨询的，只是轻微的焦虑、抑郁，而重性抑郁反而不去。心理老师没有处方权，发现重性抑郁只能转走，导致学生觉得，心理老师没能真正解决问题，还暴露了自己的隐私，故在学校，心理咨询的回头客较少，心理老师不能随访咨询后的效果，也就无法积累经验，提高水平。

4. 问卷筛查：你搞问卷调查，学生会说实话？我抑郁，你会给我治疗？你不给我治疗，叫我去精神病医院看病，我不就是疯子了？我不干。

5. 对将来的期待：在学校，应教学生懂得：什么是抑郁情绪？抑郁情绪到了什么程度该去看精神科医生。什么是抑郁情绪呢？是一种空虚感，平时的兴趣、快乐、欲望、价值好像被负压泵吸走了一样，心里被负压泵吸得难受；当这种难受影响到生活、学习、社交时，就要考虑去看精神科医生了。建议在初一心理教材上设一节，专门讲抑郁情绪和抑郁症患者的心理感受，意义在于，当时有 2%的同学受益。将来有 10%的男生和 20%的女生终生自己能用得上，如果加上对亲友、子女抑郁的识别能力，则用得上的比率就更高了。

（四）碳酸锂预防自杀

在重性抑郁症或双相抑郁症，碳酸锂片（起始量 250 mg/早，250 mg/晚）

是预防自杀最好的药物。在精神分裂症，氯氮平（起始量 25 mg/早，25 mg/晚）是预防自杀最好的药物。马上要跳楼，可立即服 1 片碳酸锂自救。

1. 克制不住：抑郁症患者因为意志减退，所以缺乏抗压能力，一遇挫折，如坠冰窟，马上想到跳楼解脱。其实患者也知道，跳楼是大事，应谨慎决定，可冲动容不得她细想，推着她去跳，怎么办？立即服用碳酸锂平片 1 片（250 mg/片），然后出门逛上半小时，等心情平静下来再回来，如未平静，再逛半小时，逛不动，就在市民广场上坐着发呆，等情绪平静下来再回来。

2. 用平片：强调用碳酸锂平片，而不用缓释片。因为平片 1～2 小时就达峰浓度，缓释片（300 mg/片）需 4 小时达峰浓度，自杀者有点等不及。假如家里只有缓释片，可把 1 片缓释片放在盘子里用调羹碾碎，服其粉末，能像平片一样快速起效。

3. 万一中毒呢？如果患者已常规服碳酸锂（不论是平片还是缓释片），只要在 1 500 mg/d 以内，临时加服碳酸锂 250 mg，也只是 1 750 mg/d，没有超过 1 800 mg/d 的上限，即使 1 500 mg/d 对该患者已是治疗量上限，临时加服 250 mg，引起一过性中毒症状（脑中一层雾、两眼无神、口齿不清、走路不稳），对生命也无危险，就当是醉一次酒，12 小时就恢复正常了，比跳楼的损失小得多。实际上，我们给患者服用的碳酸锂常规剂量，是不超过 1 200 mg/d 的。

（五）其他药物预防自杀

1. 丙戊酸钠缓释片：如果碳酸锂因某种原因加不上去，则加用丙戊酸钠缓释片（起始量 500 mg/早），抑制自杀冲动也有效。

2. 慎用抗抑郁药：按照平常人思维，抑郁引起自杀，抗抑郁药能抗抑郁，也就能抗自杀。事情并非那样简单：① 抗抑郁药（如安非他酮）抗抑郁，需 2 周才起效，其增加去甲肾上腺素和多巴胺能，当天就可增加警醒和烦躁，促进自杀实施；② 抗抑郁药（如文拉法辛）通过促进双相抑郁转化为混合性抑郁，混合性抑郁的烦躁促进自杀实施；③ 抗抑郁药增加5-羟色胺能，迟钝情感，本来望着深邃的楼下还感到害怕，迟钝情感后就不怕了，木讷地跳下去。所以在自杀急性期，不用或慎用抗抑郁药。

3. 不典型抗精神病药：典型抗精神病药（例如氯丙嗪）单纯阻断多巴胺能，加重抑郁，不能使用；不典型抗精神病药则要具体分析。当患者处于抑郁＋烦躁状态时，用阿立哌唑、鲁拉西酮或氨磺必利（300 mg/d 以下）将更烦躁，促进自杀；而用奥氮平、利培酮抑制烦躁，抑制自杀冲动，用喹硫平则三七开，30％的可能恶化烦躁，促进自杀，70％的可能减轻烦躁，对自杀有利。当患者处于抑郁＋阻滞状态时，用奥氮平或利培酮虽抑制自杀冲动，但恶化抑郁的阻滞，而用阿立哌唑、鲁拉西酮或氨磺必利（300 mg/d 以下）则有两种可能，一种是改善抑郁阻滞而重拾生活信心，改善自杀观念，另一种是尚未改善阻滞，即已加重烦躁，促进自杀，所以要慎用。另外，不典型抗精神病药的静坐不能副作用也加重烦躁，促进自杀。

4. 氯硝西泮：如果抑郁症患者因焦虑、烦躁、失眠而促进自杀，服氯硝西泮可减轻自杀冲动；如果因纯抑郁而引起的自杀冲动，则服氯硝西泮可加重自杀冲动；如果氯硝西泮用量过大，患者对自杀带来的痛苦由怕变成不怕，反而有勇气去自杀了。所以，氯硝西泮用于治疗自杀应具体权衡，不能一刀切。

（六）人为预防自杀

1. 物理预防：之前在家有自缢史的，除了住户门，家中各个门锁、插销都应拆除，包括厕所门，以便及时施救；有过跳楼企图的，家里要装防盗网；有服药过量史的，家人要替其保管好药；有用刀具自杀和钝器击打头部史的，家人要保管好相应器具。

2. 避免激怒：当患者发怒时，家属要保持低姿态，用急智应对其要求。什么叫急智？就是连哄带骗，先满足或答应其要求，敷衍过当下激情状态再说。那你说，做人不是要讲诚信吗？怎么能连哄带骗呢？这要分对象，你面对的对象已丧失理性，讲理讲不通，你义正词严，只能刺激患者跳楼自杀。尤其是既往有跳楼自杀未遂史的患者，一有不良心理应激，马上就想到跳楼，这已经形成了一种条件反射。例如，18 岁双相Ⅰ型障碍女患者整天上网，荒芜学业，妈妈每次说她，她就用菜刀割颈动脉，用水果刀捅腹部，从 6 楼跳下致骨盆骨折，服药过量一次，自缢一次。对这种患者，怎么能晓之以理呢？要算算，不学习的活女儿总比死女儿强。

3. 住院：精神卫生法规定：当患者有自伤、自杀危险时，可将患者非自愿送住院治疗。家庭监护很难做到 24 小时不离人，很难监视如厕、洗澡全过程，精神科病房监护是 24 小时的、全方位的、专业的。故要权衡：自杀死亡危险性与强制住院后患者的主观心理不适、日后在邻居面前、在学校没面子、日后影响找工作、找对象，哪一个更危急，哪一个更重要。

五、抑郁症患者瞌睡多、很累的调药思路

抑郁症患者的瞌睡多、很累，实际上是警醒度降低，首先要考虑是不是降低警醒度的药物引起的（效力排序参照 p40），如果是则先减降低警醒度的药物。如果不是，则用提高警醒度的药物（效力排序参照 p39 倒数第 2 行）。

1. 双相抑郁：如果是双相抑郁引起的瞌睡多、很累，则用提高警醒度的不典型抗精神病药（阿立哌唑、鲁拉西酮、氨磺必利）和提高警醒度的心境稳定剂（拉莫三嗪）为一线药物。由于美国食品药品管理局只批准其中的鲁拉西酮治疗急性双相抑郁，故鲁拉西酮又是一线药物中的首选；二线药物考虑用增加多巴胺能的普拉克索、溴隐亭，增加多巴胺能号称不诱发躁狂，其实也诱发，只是程度较轻而已；三线药物则考虑安非他酮、氟西汀，这两种是诱发躁狂最轻的抗抑郁药；而米拉普仑、度洛西汀、文拉法辛都增加去甲肾上腺素能，诱发躁狂较重，不到山穷水尽，不考虑使用；舍曲林提高警醒度弱，不能指望。

2. 重性抑郁症：如果是重性抑郁症，则首选提高警醒度的抗抑郁药（安非他酮、氟西汀、文拉法辛、度洛西汀、米拉普仑），而提高警醒度的不典型抗精神病药（阿立哌唑、鲁拉西酮、氨磺必利、舒必利）、提高警醒度的

心境稳定剂(拉莫三嗪)、增加多巴胺能的普拉克索、溴隐亭、金刚烷胺,作为二线药物相机选用。

3. 治疗累和引发迟睡的死循环:服氟西汀引起入睡迟,服喹硫平白天又困,这就是提高警醒药与降低警醒药相互叠加的死循环。累,加提高警醒药(例如氟西汀、文拉法辛、度洛西汀、安非他酮、阿立哌唑、拉莫三嗪),结果入睡困难,引起迟睡,加降低警醒药(氯硝西泮、米氮平、阿戈美拉汀、喹硫平、奥氮平)改善迟睡,次日又加重累,所以累→加提高警醒药→迟睡→加降低警醒药→加重累→继续加提高警醒药→迟睡→继续加降低警醒药,如此恶性循环。

解决方法:① 将提高警醒药改为鲁拉西酮晚睡前服,该药奇怪的是:头几个小时思睡,正好应对迟睡,次日全天觉醒,改善次日懒动;② 将提高警醒药改为半衰期短的坦度螺酮(半衰期1.4小时)、丁螺环酮(半衰期2.5小时),既改善白天的懒动,又不至于引起晚上的迟睡,不过,它们改善懒动的效力较弱;③ 将降低警醒药改成半衰期短的唑吡坦(半衰期2.5小时)、右佐匹克隆(半衰期5小时)、佐匹克隆(半衰期5小时),既改善晚上迟睡,又无次日累的副作用。

六、抑郁常伴甲状腺功能减退的易感因素和治疗方法

(一)女性

抑郁患病率女性是2%～3%,男性是1%～2%,而女性的甲状腺功能减退率(TSH升高,但T_3、T_4降低,下称甲减)是男性的5倍,故抑郁症的亚临床性甲状腺功能减退(TSH升高,但T_3、T_4正常,下称亚甲减)率也较高。

(二)类型

普通抑郁症的亚甲减率是10%,而快速循环性双相障碍患者的亚甲减率是52%,故快速循环性双相障碍的亚甲减率是普通抑郁症的5倍,这就是为什么一碰到快速循环性双相障碍患者,就要查甲状腺功能的原因。

（三）精神药物

1. 碳酸锂和丙戊酸钠：碳酸锂引起的亚甲减率是30％，丙戊酸钠引起的亚甲减率是25％，因此，碳酸锂引起的亚甲减换成丙戊酸钠，亚甲减并没多大改善；碳酸锂引起的甲减率是5％，丙戊酸钠引起的甲减率是6％，因此，碳酸锂引起的甲减换成丙戊酸钠，丝毫不减轻甲减。

2. 喹硫平：赵颖等（2021）研究表明，喹硫平组的甲减率是15％，而未使用喹硫平组的甲减率是3.5％，喹硫平组的甲减风险是未使用喹硫平组的4倍。

这样看来，甲减率是喹硫平（15％）>丙戊酸钠（6％）>碳酸锂（5％），双相抑郁症患者高频度地使用喹硫平、丙戊酸钠、碳酸锂，且经常是联合使用，故亚甲减或甲减率高。

（四）厌食

抑郁症可伴有厌食，而厌食导致摄入碘不足，碘是合成甲状腺素的关键物质，缺碘则导致亚甲减或甲减。这也是抑郁的亚甲减或甲减率高的原因之一。

（五）治疗

抑郁个体患亚甲减或甲减，其原因经常是混合性的，尽管如此，但不影响对患者的处理。

喹硫平、丙戊酸钠、碳酸锂这三种药物，只要抗双相抑郁有效，即使引起亚甲减或甲减，这些药物仍继续使用，无需减量，只需添加优甲乐治疗，直到甲状腺功能调节到正常，然后优甲乐继续维持。

如果是厌食引起，则服用奥氮平、丙戊酸钠或喹硫平增加食欲，同时添加优甲乐治疗，食欲恢复后，一个月复查甲状腺功能，如果甲状腺功能高于正常，则减停优甲乐。

七、心绪不良怎么治疗

如果患者总是回忆既往不愉快的事件，并纠缠其中，则需用抑制情感性记忆的药物。例如，丙戊酸钠缓释片（起始量 500 mg/早），或碳酸锂缓释片（起始量 300 mg 一日 2 次），这些药物主要不是抑制记忆本身，而是抑制记忆伴随的不愉快情感反应，没有不愉快情感反应的强化，回忆很容易淡出意识窗。

八、抑郁的哭怎么治疗

想哭哭不出来，重性抑郁症用氟西汀治疗；双相抑郁症用鲁拉西酮治疗；想哭能哭出来，重性抑郁症用艾司西酞普兰治疗，双相抑郁症用碳酸锂治疗；想哭就嚎啕大哭，用丙戊酸钠和/或利培酮治疗。

九、激越怎么治疗

激越与易激惹不是一回事，激越是不自主地运动增加，例如，不停地拇指与食指对搓、习惯性地在衣袋里搓纸巾；而易激惹是容易生气、发脾气。激越是皮质下锥体外系系统兴奋所致，见于焦虑、躁狂、抑郁，但对焦虑、躁狂、抑郁并无诊断意义。激越可用镇静药物（如氯硝西泮）或抗躁狂药（如德巴金）治疗。不宜用警醒性药物（例如拉莫三嗪、阿立哌唑、鲁拉西酮、氟西汀、文拉法辛、度洛西汀、安非他酮）治疗。

十、双相障碍残留的认知障碍

有患者家属问："患者患病前专注力较强，患双相Ⅱ型障碍后一落千丈，看书、工作时会走神睡觉，开车不专心，坐公交车常坐过站，这是怎么回事？"答：双相障碍缓解后，有 40％的患者不残留认知障碍，60％的患者残留认知障碍，这其中 30％的患者残留认知障碍是影响学习功能的，另 30％的患者不影响。患者家属讲的这位是影响学习功能的。精神药物也可引起认知障碍，例如，奥氮平、喹硫平、氯硝西泮、碳酸锂。改善认知障碍手段有二，一是减少引起认知障碍的药量；二是添加提高认知能力的药物，包括鲁拉西酮（起始量 20 mg/晚饭后即服）、拉莫三嗪（起始量 25 mg/早）或阿立哌唑（起始量 5 mg/早）或伏硫西汀（起始量 5 mg/早）。慎用或不用拟胆碱药(例如多奈哌齐、石杉碱甲)，以免加重抑郁。其他益智药(例如茴拉西坦、吡拉西坦)几乎不起作用。

十一、抑郁喜欢看恐怖片怎么治疗

1. 想激活情绪：伴情感麻木的抑郁症患者看一般影片激不起情绪，只有看恐怖片才能激起情绪，因此部分患者比常人更喜欢看恐怖片，通过激起恐怖感，让自己感受到一些情绪。同理，为激活情绪，他们比常人更倾向酗酒、抽烟。

2. 又看又怕：一位抑郁症男孩为了寻求情感刺激，坐在被子里掀开一条缝，看恐怖片，看到害怕时把被子合上，过一会再掀开一条缝看。

3. 不良后果：恐怖片对正常成人能激起恐惧情绪，起到娱乐作用，而胆小和易受暗示的患者看恐怖片后，事后会纠缠其恐怖情节，害怕，做噩梦，甚至诱发相关的分离性幻视。

4. 处理：喜欢看恐怖片的原因是情感麻木。可选用拟去甲肾上腺素能药物(文拉法辛、度洛西汀)和拟多巴胺能药物(金刚烷胺、溴隐亭、普拉克索、低剂量阿立哌唑、低剂量氨磺必利)活跃情绪。看恐怖片引发频繁噩梦的，可用氯硝西泮或阿普唑仑抑制噩梦；不要用喹硫平，因为喹硫平增加去甲肾上腺素能，增加做梦。对已出现与恐怖片相关的分离性幻视的，可用利培酮、丙戊酸钠和氯硝西泮治疗。

第三节　抑郁伴发焦虑和睡眠障碍的治疗

一、抗焦虑治疗

(一) 临场焦虑有什么应急处理方法

1. 警醒度过高导致失场：在医学上，临场焦虑叫作境遇性焦虑，包括高考、考研面试、应聘面试，其实并不是害怕那个环境和考官，而是觉得这是自己前途的重大转折点，要充分重视，抓住机会，务必通过。怎样重视？就是把警醒度提到最高，来应对当前的关键时刻。可是，当警醒度过高时，反而惊慌失措，脑中一片空白，表情呆滞，步态僵硬，发挥不出应有的能力，这叫作失场。

2. 过度警醒如何降至正常警醒水平？临场前1小时服用氯硝西泮0.5～1 mg或阿普唑仑0.4～0.8 mg，去时不要骑车或开车，因为这些药物影响驾驶。

3. 降低警醒度的程度：氯硝西泮或阿普唑仑可降低警醒度，当从过度警醒降至比正常警醒稍高的水平时，就从惊慌失措状态变成紧张抢答状态；当降至正常警醒水平时，就变成从容应答状态，当降至镇静水平（警醒度不足正常，反应有些迟钝）时，就进入被动应答状态，已知的知识会在不通过意识的审核下脱口而出，能发挥80%以上的智力水平。当降至思睡水平时，就进入缓慢应答，不问就要睡着的状态，只能发挥50%的智力水平。

4. 药量调节：如果氯硝西泮或阿普唑仑剂量过小，不能有效降低过度警醒，解决不了失场问题。如果剂量稍大些，在比正常警醒水平稍高、正常警醒水平到镇静水平这一宽度，都不至于失场；如果剂量过大，降到思睡水平，才会误事。由于临场焦虑的患者过度警醒，所以患者即使服用能使普通人思睡的剂量，也只能达到正常警醒或镇静水平，不易进入思睡水平。

5. 临场前几天试药：为了在临场焦虑前临时加服最适合的剂量，可在临场焦虑前几天试服氯硝西泮或阿普唑仑，看什么剂量能将过度警醒降至比正常警醒稍高或正常警醒的水平。但这样试也无十分的把握，因为临场前几天的焦虑是预期焦虑，预期焦虑的警醒度不如临场焦虑那么高，所以不能用预期焦虑的适用剂量去预测临场焦虑的适用剂量。而且首次服药最敏感，几天服下来，镇静效应还会衰减。

6. 暗示作用：临场前服用氯硝西泮或阿普唑仑，也有心理暗示作用，“我服镇静药了，镇静药保护我不那么惶恐”，你这样想着，也是一种分心，分心能减轻害怕。

7. 上次考驾照没通过，这次考前焦虑可否用劳拉西泮？许多操作性焦虑都可用劳拉西泮及其同类药物，包括氯硝西泮、阿普唑仑、艾司唑仑治疗，唯独驾驶操作用劳拉西泮这类药物有顾虑，因为它们松弛肌肉，损害驾驶能力，可优先考虑用丁螺环酮、坦度螺酮。如无效，可改用曲唑酮，后者有镇静作用，最好是考前几天先用曲唑酮 50 mg/早，看看瞌不瞌睡。如果不瞌睡，且抗焦虑，就用 50 mg/早；如果瞌睡，且抗焦虑，就减为 25 mg/早；如果不瞌睡，且抗焦虑不足，就增为 100 mg/早。一直试到既不瞌睡，又抗焦虑的剂量为止。

（二）害怕见人怎么办

1. 生人恐怖：抑郁症患者因为自卑，进校园就觉得不认识的学生看她有敌意，心知是一种主观感觉，但就是怕，怕的不敢进校门。走到闹市区，见人多就怕，怕的不敢与人对视、喘不过气、出汗。

2. 熟人恐怖：抑郁症学生因思维迟缓，找不出话题谈话；因意志减退，简单应答需付出巨大努力，故怕与熟人交流。例如，复学时怕老师和同学问她："为什么没来上学？"故不肯上学；与长辈亲戚聚餐时怕亲戚问他："学习成绩怎样？"故回避聚餐。为避免与任何人来往，将手机上所有熟人的电话一律设为黑名单，一个也不搭理。

3. 治疗：分为对症治疗和对因治疗。对症治疗是治疗社交恐怖本身，重性抑郁症可用氯硝西泮 1 mg/早，1 mg/晚，帕罗西汀 20 mg/早；双相抑郁可用丙戊酸钠、喹硫平、氯硝西泮。对因治疗是治疗抑郁本身。对重性抑郁症的阻滞症状（思维迟缓、自卑、意志减退），可用提高动力的药物治疗，例如氟西汀、安非他酮、文拉法辛、度洛西汀；对双相抑郁的阻滞症状可用提高动力的药物治疗，例如鲁拉西酮、拉莫三嗪、阿立哌唑治疗。总之，抑郁学生的社交恐怖比单纯的社交恐怖症轻，持续时间短，容易治疗，预后较好。

（三）在公共场所有失控大喊和强迫性意向怎么治疗

1. 在公共场所有失控大喊：性质上是急性焦虑，脑过度警醒，导致烦躁地要喊出来，患者怕真喊出来丢人，会竭力忍住，通常是能忍住的，患者自觉是付出了巨大的努力。

2. 强迫性意向：是指在特定场合下，冲动性想做自己最怕做的事情，例如在公开场合下脱光衣服，在公开场合下强奸，性质上是强迫。反正是什么最不能做的，最害怕做的，此时就冒出要做的冲动，患者生怕做出来引起严重后果，而竭力忍住，通常是能忍住的，但患者自觉是付出了巨大的努力。

3. 在公共场所要失控大喊与强迫性意向的鉴别：在公共场所要失控大喊是符合患者自我主见感性的本意的，因为烦躁而想大喊，强迫性意向的冲动并不符合患者自我主见感性的本意，虽然这个念头来自患者自己，但不是患者想要的，而是患者最不想要的。

4. 治疗：在公共场所要失控大喊，可临时用阿普唑仑 0.4 mg、劳拉西泮 1 mg 或氯硝西泮 1 mg，能迅速（20～30 分钟）控制住；而强迫性意向，即使临时用氯硝西泮 1 mg，也控制不全，用阿普唑仑和劳拉西泮的效果更差，用氟伏沙明渐增至 100～150 mg/d 或帕罗西汀 20 mg/早，2 周后可能有效，但不敢说效果一定好。

（四）经常会被吓一跳怎么治疗

别人与患者说话，患者经常会被吓一跳，这叫惊跳反应，是中枢警醒度过高所致，可用氯硝西泮 0.5 mg/早，0.5 mg/晚 治疗。

（五）成人还依恋家人怎么治疗

依恋是安全感降低的表现。例如，21 岁女生依恋妈妈，晚上非要和妈妈一起睡觉，要妈妈抱，出门则一切正常。可试用艾司西酞普兰 10 mg/早 抗焦虑治疗。

二、抑郁症患者失眠的调药思路

抑郁症患者出现失眠，说明其警醒度过高，首先要考虑，是否因提高警醒度的药物引起的，如是，要减少相应药量。然后再考虑使用降低警醒度的药物。

1. 提高警醒度药物的效力排序：普拉克索（0.5 mg）＞阿立哌唑（5 mg）≈拉莫三嗪（50 mg）≈安非他酮（150 mg）≈氟西汀（20 mg）≈米拉普仑（50 mg）＞度洛西汀（60 mg）≈文拉法辛（150 mg）≈溴隐亭（5 mg）＞金刚烷胺（200 mg）＞氨磺必利（50 mg）≈舒必利（200 mg）＞舍曲林（50 mg）＞艾司西酞普兰（10 mg），到了艾司西酞普兰，已不增加警醒度，且有些疲乏。

2. 降低警醒度药物的效力排序：奥氮平（5 mg）＞喹硫平（100 mg）＞米氮平（15 mg）＞氯硝西泮（1 mg）＞阿戈美拉汀（25 mg）＞曲唑酮（100 mg）＞加巴喷丁（300 mg）＞氟伏沙明（100 mg）≈奥卡西平（300 mg）＞碳酸锂（600 mg），到了碳酸锂，已无思睡作用，只是无力，如果瞌睡，则是锂中毒。

3. 双相抑郁失眠的选药：可选用喹硫平、氯硝西泮、加巴喷丁、奥卡西平，尽管氯硝西泮有致抑郁性能，但在不典型抗精神病药和心境稳定剂的保护下，还是广泛用于双相抑郁的失眠。偶尔失眠就偶尔服氯硝西泮，持续失眠就持续服，不失眠就不服。尽管喹硫平 25 mg/晚的催眠效应大于氯硝西泮 1 mg/晚，但喹硫平有拟去甲肾上腺素能，有多梦副作用，而氯硝西泮能衰减多梦，故为了一个失眠，经常联用氯硝西泮和喹硫平。米氮平、阿戈美拉汀、曲唑酮、氟伏沙明因有诱发躁狂潜能，在双相抑郁中不推荐用于抗焦虑和失眠，奥氮平因易引起过度肥胖，故能用喹硫平控制的，就不用奥氮平。

4. 重性抑郁症失眠的选药：米氮平、阿戈美拉汀、曲唑酮、氟伏沙明均在可选之列，但用阿戈美拉汀需频繁（疗前、疗后 3 周、6 周、12 周、24 周）查肝功能，用曲唑酮、氟伏沙明的抗失眠效力不足，故常用米氮平 15 mg/晚，如担心压不住，则联用氯硝西泮 1 mg/晚；如困倦，则米氮平减至 7.5 mg/晚。而喹硫平和奥氮平治疗重性抑郁症失眠的选药顺序排在米氮平之后，因为次日易昏昏沉沉，生活质量较差。

5. 降低警醒度药物的减量指证：这类药物治疗失眠，治疗头几天睡得好，次日头脑清晰，但同一剂量连续服用几天，就出现了思睡。因为大脑的抑制功能正逐步修复，先前的药量此时就嫌大了，需减一点药。减药后，过一段时间再瞌睡，就再减，直至减完。

三、晚睡晚起怎么治疗

晚睡晚起一般不见于抑郁急性期，而见于抑郁慢性期或残留期。

（一）抑郁的晚睡晚起是什么原因

1. 意志减退：人脑内的生物节律是 25 小时一天，而环境的昼夜节律是 24 小时一天。为适应环境，人们不得不看时钟睡觉，即使不困，也约束自己到时间睡觉，因为次日要按时起床，上班上学。相反，每当周末、放假，次日没有按时起床的压力，人们就会按照自己的生物钟来，晚上狂欢到 12 至凌晨 1 点，困了再睡。抑郁发作后意志减退，不能约束自己按时入睡，导致晚睡晚起。

2. 白天阻滞：阻滞性抑郁精力不足，白天不是躺就是睡，白天运动量不足或睡眠过多，也会减少晚间困意，导致入睡困难，患者通过延迟入睡来增加困意。患者说，“我只要迟睡，入睡并不困难，早睡就是睡不着”。

3. 晨重夕轻：内源性抑郁常有晨重夕轻节律，患者白天抑郁重，做不成事；晚上抑郁缓解，来了精神，故特别珍惜晚上的时间，舍不得早睡，打游戏、看视频，搞到夜里 2～3 点钟才睡。

4. 疲劳感缺失：抑郁可伴感觉减退，当疲劳感减退时，到入睡时仍没困意，继续做一些机械性操作，如玩游戏，等眼睛睁不开了，才倒下睡着。而晚睡不能充分恢复脑能量，又加重了疲劳感减退，进一步恶化了晚睡，如此恶性循环。

5. 发泄能量：当混合性抑郁时，体内有一股不愉快的劲发泄不出来，就用熬夜来消耗。患者烦躁，就决定：“今天晚上不睡觉了。”

（二）抑郁晚睡晚起的后果是什么

习惯性入睡时间后移，对身体是有害的，会导致“三抑制”“三损脑”

“三害身”。

1. 三抑制：

(1) 抑制长个子：生长素是在晚上11点至凌晨2点分泌最多，此间若处于睡眠状态，则生长素分泌明显增加，促进长个子。入睡时间后移会抑制生长素分泌，抑制长个子。所以妈妈总让宝宝晚上早睡，就是这个道理。

(2) 抑制正常的入睡节律：脑中的松果体会分泌褪黑激素，褪黑激素就是广告里宣传的“脑白金”。为什么叫“脑”？因为它产生于脑中的松果体(其实全身含线粒体的细胞都可分泌褪黑激素，包括肠)；为什么叫“白”？因为成年后松果体钙化，在头颅X线片上显示白色钙化点；为什么叫“金”？因为它对人体健康像黄金一样重要。这当然是商品宣传，通俗化，让老百姓好理解一些。褪黑激素的分泌节律是白天低、晚上高。白天你睁开眼，光线通过眼睛抑制脑中的褪黑激素分泌，晚上你闭上眼，褪黑激素因不被光线抑制而分泌释放。褪黑激素有镇静性能，你习惯性按一定时间(例如晚上10点)入睡，褪黑激素就习惯性在此时间分泌增加，促进你入睡。你要是硬撑着不睡呢？光线通过睁着的眼睛抑制了褪黑激素的分泌，即使到了凌晨1～2点，你也没睡意了，天天熬夜，褪黑激素的分泌节律将被彻底破坏，即使你晚上想10点钟睡，也睡不着了。长期倒班的护士年龄大了以后，容易失眠，就是这个道理；用外源性褪黑激素治疗失眠、治疗睡眠位相延迟障碍(就是迟睡迟起)，就是这个道理；所以广告上宣传，脑白金对“睡眠好”，就是这个道理。不过，褪黑激素也可引发抑郁喔！

(3) 抑制注意力：褪黑激素激动尼古丁受体，就像吸烟激动尼古丁受体一样，可改善注意力，你看警察审讯犯罪嫌疑人时，为什么有时会给犯罪嫌疑人烟抽？就是这个道理。当习惯性熬夜时，褪黑激素习惯性降低，从而抑制注意力，导致学习和工作效率下降。

2. 三损脑：

(1) 脾气大、好烦神：褪黑激素有镇静效应。当习惯性熬夜时，褪黑激素习惯性降低,引起过度警醒综合征,导致脾气大、好烦神、一遇噪音就嫌烦,一有光亮就觉得刺激,一有温度变化就受不了。

(2) 偏头痛和慢性疼痛:褪黑激素能加强肠道屏障和血脑屏障,当习惯性熬夜时,褪黑激素习惯性降低,肠道屏障削弱,肠道里细菌的脂多糖和食物里没完全分解的大分子穿越肠道屏障,进入血液,血液里的免疫系统不认识这些陌生物质,会产生免疫炎症反应,患者会感到燥热。血脑屏障本来能挡住这些免疫炎症物质入脑。当褪黑激素习惯性降低时,血脑屏障被削弱,这些免疫炎症物质入脑,刺激感觉神经,引起偏头痛和慢性疼痛。因为褪黑激素能够加强肠道屏障,抑制不应发生的免疫反应,故广告上宣传,脑白金对"肠道好""免疫好"。

(3) 躁狂:褪黑激素拮抗芳香烃受体。当习惯性熬夜时,褪黑激素习惯性降低,芳香烃受体脱抑制性兴奋,导致多巴胺合成增加,引发躁狂,表现话多、兴奋、脾气大。

3. 三害身:

(1) 心脏病:褪黑激素拮抗芳香烃受体。当习惯性熬夜时,褪黑激素习惯性降低,芳香烃受体脱抑制性兴奋,一方面降低心肌线粒体活性,从而降低心脏供能,易感心脏病;另一方面降低不饱和脂肪酸/饱和脂肪酸的比率,升高血脂,易感心脏病和高血压。

(2) 肥胖:褪黑激素拮抗芳香烃受体。当习惯性熬夜时,褪黑激素习惯性降低,芳香烃受体脱抑制性兴奋,从而抑制糖原分解,刺激脂肪生成,引起肥胖,肥胖又引起心脏病和高血压。故不能一看到肥胖就说人家是好吃懒做,有一部分肥胖是熬夜熬出来的。有人说,心理压力大也会引起肥胖,因为心理压力大就不得不勤勉学习和工作,倾向熬夜,故倾向肥胖。现代人熬夜在干什么?读纸质书少,看手机和电脑多,等于是在该入睡的时间盯着一盏小日光灯在看,褪黑激素被完全抑制→芳香烃受体脱抑制性兴奋→抑制糖原分解→血糖降低→感到饿→夜里吃东西,天天夜里吃东西,结果必然是胖。

(3) 折寿:褪黑激素拮抗芳香烃受体。当习惯性熬夜时,褪黑激素习惯性降低，芳香烃受体脱抑制性兴奋，增加活性氧的产生，活性氧促进组织老化，缩短寿命。故司马懿听说诸葛亮日夜操劳，判断其不能长久，就是这个道理。

（三）睡前做什么能促进入睡

1. 排尿：入睡时视听刺激减少，注意容易转移到其他感觉（如尿意）上，睡前排尿一次，可消除尿意，促进入睡。

2. 裸卧：白天觉醒时穿衣系裤，不觉得有什么不适，入睡时视听刺激减少，注意容易转移到其他感觉上。例如，短裤的松紧带勒着不适，穿着衣服触碰皮肤也觉得难受，所以要脱光睡。这当然是对触觉敏感的人而言，不敏感的，何必脱？但是，腰上系裤带的感受与穿着裤子在潜意识里形成了条件反射，当腰上没有了系裤带的刺激时，潜意识里会以为没穿裤子，故裸卧常会梦到自己没穿裤子的尴尬场面。

3. 睡前不锻炼：白天运动得越累，积攒的睡眠势能越大，晚上睡得越沉。相反，因躯体疾病而长期卧床的患者，白天缺乏运动，晚上常睡不着。但临睡前 1 小时不要做强体力锻炼，因为锻炼在引起肌肉疲劳的同时，肌肉和肌腱的深感觉信号大量传入脑中，提高脑警醒度，阻碍入睡。

4. 睡前不动脑：睡前不是越清醒越好，而是越糊涂越好。你试图把问题想清楚再睡，就是破坏入睡的一个坏习惯。

（四）什么睡姿促进入睡

如果能轻松入睡，就不必讲究睡姿；如果不能轻松入睡，就要讲究一下睡姿。

1. 仰卧：松弛全身肌肉有利于入睡。四肢的屈肌张力要大于伸肌，故在松弛状态，四肢应该是微曲的。但床是平的，当你仰卧时，下肢必然伸直，所以下肢肌肉未能充分松弛；如果弯曲，膝关节必然离开床面，要通过肌肉平衡，才能保持膝关节不倒。上肢如再伸直，就更不易入睡了，所以双手可搭在同侧胯骨（大腿根）外侧，形成自然屈曲状态，有利入睡；如果双手交合在腹部，会压迫腹部，抑制腹式呼吸，不利入睡。仰卧的好处是躯体着床面积大，局部压强小，保持同一睡姿的时间长。

2. 四仰八叉式：人睡成一个大字形，四肢势必伸直，肌肉没有放松，何谈有助睡眠？以这种睡姿睡着的人，平时就睡得好，用不着通过松弛肌肉助眠。

3. 侧卧：侧卧时四肢易做到自然屈曲，有利于睡眠，左侧卧压迫心脏，引起胸闷不适；右侧卧则没这个问题，故右侧卧是最佳卧位。侧卧经常是腰、背、颈轻度卷曲，四肢微蜷，这样能最大限度地松弛全身肌肉。当右侧卧时，如果没枕头，头会垂落在床上，易引起落枕。故枕头应与肩宽等高。幼童头大、肩小，侧卧时头垂落不明显，不易引起不适。

4. 俯卧：当人失意（如失恋）时经常俯卧，俯卧压迫胸腹，抑制呼吸，头要偏向一侧，口鼻才能呼吸，不利于睡眠。

5. 坐着睡：当乘车时间较长时，难免要打瞌睡，在车上睡一觉，能减轻下车后的疲劳，也算是赚了。坐着睡有两种姿势，一种是仰头睡，另一种是低头睡。颈后肌肉松弛是进入做梦睡眠的一个标志。低头睡才能松弛颈后肌肉，促进睡眠，且能避光；相反，仰头睡不能促进颈后肌肉松弛，面朝光，不利睡眠。“江枫渔火对愁眠”，应该是面对面地低头睡；开会时睡觉，也是低头睡得为多。

6. 张嘴睡：年轻人多是闭嘴睡，而老人才张嘴睡。张嘴睡咬肌松弛，有利于睡眠，如果入睡困难，有意识地轻轻张着嘴睡，可促进入睡。不过，张嘴睡时，呼吸易带走口腔里的水分，易引起龋齿。

（五）改善晚睡晚起的药物治疗

1. 常规处理的缺陷：针对抑郁症患者的晚睡晚起，一般是增加喹硫平剂量，通过药物强制患者早睡。但患者并不承情，服药后已全身瘫软，却要看一会手机，实在撑不住才睡。这样，喹硫平的用量就不会太低，次日白天睡眠就多，白天睡得多又导致晚睡。为了遏制晚睡，喹硫平进一步增量，从而陷入“晚睡→服用喹硫平→白天贪睡→更晚睡→喹硫平再增量”的恶性循环。如用唑吡坦 10 mg/晚 或右佐匹克隆 3 mg/晚 替代，理论上是减少次日白天的睡眠，但入睡力度又不及喹硫平。

2. 让他知道怕：可气的是，你让患者服喹硫平，促进早睡，他觉得亏了，于是自作主张，等想睡时（例如夜里3点）再服喹硫平，这样既达不到早睡的目的，又加重了次日白天思睡。这时，你就把喹硫平减到让他睡不着的剂量，理由是这么晚再服原剂量，次日一定思睡。通过这种方式，逼使患者晚上按时服药。如果患者次日有什么身体不适，例如心脏难受，你就说是睡得太晚所致。让患者觉得睡得晚吃亏，不敢再晚睡。

3. 艾司西酞普兰：艾司西酞普兰抗抑郁，对睡眠影响不大，且有轻度无力感，通过改善抑郁，从而改善意志减退、白天阻滞和抑郁的晨重夕轻，继之改善晚睡。

4. 慎用警醒性药物：早晨用警醒性药物，例如拉莫三嗪、阿立哌唑、氟西汀、安非他酮，一方面通过改善白天阻滞，增加白天运动量，减少白天睡眠，增加晚上困意。另一方面，它们不但使白天警醒，而且也使晚上警醒，还是晚睡。丁螺环酮（半衰期2.5小时）5 mg一日3次和坦度螺酮（半衰期1.4小时）10 mg一日3次也有警醒作用，但作用时间短，只要每天最后一顿在晚6点以前服用，就不致影响晚上睡眠。可惜它们提高警醒的力度太弱。

5. 鲁拉西酮：鲁拉西酮起始量20 mg/晚睡前，加上苯海索2 mg晚睡前。该药的特点是头几小时思睡，次日警醒，持续作用20小时，这样就兼有诱导入睡和白天警醒两大好处。

6. 其他药物：对为发泄能量而不肯早睡的患者，晚上可增服碳酸锂和丙戊酸钠剂量，抑制多余能量，减少入睡阻力。佚事经验表明，哌罗匹隆8 mg/晚 也改善晚睡。

四、睡觉时腿突然一抽怎么治疗？

刚入睡或睡着期间，腿间歇性抽动一下，患者因睡着而感受不到；或在睡意朦胧间感受到，自己也吓一跳，但随之又睡去；或因抽动幅度过大而抽醒，等下次刚要入睡时又抽醒，这叫间歇性肢体运动障碍，不是癫痫。

睡眠期间的癫痫大发作是全身一阵肌肉痉挛，要抽动十几秒到几十秒，呼吸停止，嘴唇发紫，舌尖咬伤，小便尿裤，发作时无意识，事后对发作过程无记忆。

在抑郁症和双相障碍治疗中，抗抑郁药（例如，选择性 5-羟色胺回收抑制剂，包括帕罗西汀、艾司西酞普兰、舍曲林、氟西汀、西酞普兰、氟伏沙明）、不典型抗精神病药（例如，利培酮、奥氮平、喹硫平、齐拉西酮、阿立哌唑）可引起或加重间歇性肢体运动障碍，性质是良性的，不必大惊小怪，不影响睡眠的就不处理，影响睡眠的就加服阿普唑仑 0.4 mg/晚 或氯硝西泮 0.5 mg/晚，或减少相应的抗抑郁药和不典型抗精神病药量。

五、要求用按摩来缓解坐卧不宁的患者怎么治疗

坐卧不宁，要求用按摩来缓解症状者，多为抗精神病药所致的静坐不能副作用，可用苯海索 2 mg/早，2 mg/晚 治疗，再不行就只有减少抗精神病药剂量。书上推荐用普萘洛尔（心得安）10 mg/早，10 mg/晚，说比苯海索抗静坐不能还要好，我们主要是担心心得安减慢心率，心率减至 60 次/分 以下，患者还不知道，所以多数情况下不用，实在要用，让患者自测脉搏，高于 75 次/分 再用，以策安全。

第四节 抑郁伴发躯体症状或幻觉妄想的治疗

一、抑郁伴发躯体症状怎么治疗

抑郁伴发躯体症状分三类：一类是抑郁伴发的躯体疼痛，包括颈后痛、背痛、腰痛、屁股痛、膝盖痛，疼痛位置固定，程度中至重度，用文拉法辛或度洛西汀效果好，如果拿不下来，改用阿米替林，效果更好，但副作用较多：如果是双相抑郁伴发的躯体疼痛，用文拉法辛、度洛西汀、阿米替林诱发躁狂的风险较大，故改用加巴喷丁或普瑞巴林，两药性能差不多，加

巴喷丁比普瑞巴林便宜得多，故首选。

第二类是肌紧张：因肌紧张而有绷紧感，经常是头紧绷感（头上像戴了一个“帽胆”），肌肉酸痛感、因肋间肌肌肉紧张而引起胸闷感、因肌纤维紧张度不均而引起坐立不安感，此时用氯硝西泮有效。如果是 60 岁以上老人，服氯硝西泮易跌倒，可改用阿普唑仑或劳拉西泮，但效果弱一些，持续作用时间也短一些。

第三类是交感神经兴奋，表现心慌、心悸、出虚汗，用氯硝西泮效果好；有时交感神经兴奋衰竭，副交感神经继之兴奋，表现脸部、身体发热感，用帕罗西汀效果好。

二、抑郁伴发头痛怎么治疗

抑郁因失眠而引起疲劳性头痛，因焦虑而引起紧张性头痛，氯硝西泮能缓解这类头痛。抑郁或双相障碍本身伴发的头痛，用碳酸锂或丙戊酸钠有效，无效再加用加巴喷丁或普瑞巴林治疗。文拉法辛或度洛西汀既可治疗抑郁伴发的头痛，也可通过增加去甲肾上腺素能，导致脑血管收缩→脑缺氧和二氧化碳潴留，脑血管继发性扩张，引起头痛。

三、幻觉妄想怎么治疗

在情感发作背景下的幻觉妄想，理论上压住了情感发作，幻觉妄想也自然消退，实际上为了尽快见效，当时得加用抗精神病药治疗。常用的是利培酮（起始量1 mg/早），不要因担心月经不来而不敢用，因为可能只需用几个月即停（妄想幻觉消失 2～3 个月后即可渐停）。如果确实需长期治疗，患者月经又迟迟不来，可换用布南色林（起始量 4 mg/早，4 mg/晚 5 点）；不轻易选用奥氮平，因为肥胖副作用太大；也不选抗精神病性能较弱的药物，例如阿立哌唑、喹硫平、鲁拉西酮，否则难以控制妄想幻觉。

第五节　抑郁伴发进食障碍或肥胖的治疗

一、怎么治疗为瘦身而过度节食

1. 体重指数：很胖和很瘦都很丑。胖瘦是有标准的。体重指数＝千克体重/米身高的平方，正常值为 18.5～24.9，低于 18.5 为瘦，高于 25 为胖。如果你是 1.63 米，58 千克，则你的体重指数＝$58/1.63^2$＝21.8，是正常的。

2. 过度减重：抑郁女患者懒动，加上服用奥氮平和/或德巴金后贪食，导致肥胖。患者嫌丑，开始减肥。大部分患者是单纯减少饮食次数，然后继续睡，饿得难过就再美食一顿，所以根本减不了肥。或者是伴“全”和“无”性格的患者，抑郁已不是很严重，节食较彻底，体重由肥胖减至正常范围，但由于她们的思维方式固化，认为是越瘦越好，于是继续苛刻节食，使体重指数跌破 18.5 以下，引起营养不良，造血原料不足，导致连续 3 个月以上的月经不来(经闭)。即使到了这一步，患者仍不听家属和医生的劝导，坚持苛刻节食，这叫神经性厌食。

为什么不听劝呢？本来，神经纤维通过耗能，为适应环境变化而不断生长和修剪。生长就是接受新观点，建立新习惯；修剪就是抛弃旧观点，改掉旧习惯。可是，进食过少→营养不良→能量不足→神经纤维的生长和修剪能力减退→既接受不了新观点，又抛弃不了旧观点。在强烈情感的蛊惑下，坚持认为“越瘦越美”。神经性厌食到了尽头，全身器官功能衰竭，会活活饿死。目前对神经性厌食唯一有效的药物是奥氮平，该药一方面诱导食欲，另一方面衰减体像超价观念“越瘦越美”的强度。配合心理治疗，严重时需住院治疗，维护营养，必要时强制性鼻饲流质。

二、发作性贪吃怎么办

1. 贪食和暴食：发作性贪吃是抑郁、紧张、焦虑(例如社交焦虑)引发的贪食。在贪食期间，意识窗内只关注美味，脑中一片空白，可暂时屏蔽不好的心情。这种贪吃能吃到撑。患者有两种反应，一种是就让它撑着，慢慢消食，这叫作神经性暴食（下称暴食）；另一种是用手抠喉咙，将过多的食物吐出来；或用泻药将之泻出来；或通过过度运动，将食物的能量消耗掉，以免发胖，这叫作神经性贪食（下称贪食）。无论暴食还是贪食，都是以年轻女性为多。

2. 贪食比暴食更糟糕：乍一看去，暴食不采取任何措施，减轻撑得难受并导致肥胖，而贪食采取催吐、导泻和过度运动的方式，减轻撑得难受及带来的肥胖，贪食比暴食还积极一些。其实这种积极比不积极还糟糕。

（1）催吐：患者总以为“吃完—吐完”就等于没吃，实际上吐出时，大量的胃酸随之吐出，胃酸丧失导致躯体碱中毒，碱中毒导致低血钙，低血钙导致腿抽筋。

（2）导泻：患者总以为“吃完—泻完”等于没吃，但实际上同时泻出了大量碱性肠液，导致躯体酸中毒，引起疲乏和思睡。

（3）过度运动：患者总以为“吃完—能量消耗完”等于没吃，但实际上过度运动导致肌肉溶解，肌红蛋白会在肾小管里形成结晶，阻塞肾小管，导致肾损伤。

3. 治疗：

（1）氟西汀：既能治疗抑郁和焦虑，又能抑制食欲，是贪食和暴食的首选药物。起始量 20 mg/早，按需要，一周后增至 40 mg/早，两周后增至 60 mg/早。氟西汀是引起睡不着的，故强调要早晨服用，该药的活性代谢物去甲氟西汀的半衰期是一周，故没必要一日内分几次服用。抑郁症用氟西汀 20 mg/早 常能充分有效，而贪食/暴食用 20 mg/早 只能起效，需用到 40～60 mg/早 才能充分有效。如果服氟西汀引起烦躁，可用氯硝西泮控制烦躁。

（2）托吡酯：托吡酯有厌食作用，可治疗贪食。起始量 25 mg/中饭前，25 mg/晚饭前；按需要，一周后增至 50 mg/中饭前，50 mg/晚饭前，再一周增至 75 mg/中饭前，75 mg/晚饭前；如果贪食/暴食在一天内的某一时段有规律地发生(例如晚间发作),则在该时段前 1 小时顿服托吡酯,以应对即将到来的贪食/暴食。

(3) 对症处理:贪食/暴食伴焦虑则加用氯硝西泮 0.5～1 mg,一日 2 次。贪食/暴食伴抑郁,如果你选的是托吡酯治疗,还需另加不贪食的抗抑郁药(例如艾司西酞普兰 10 mg/早)。

4. 不推荐的治疗:安非他酮抗抑郁,也引起厌食,却禁用于贪食/暴食,因为吃撑了易诱发癫痫,而服安非他酮也诱发癫痫。有明显贪食性能的药物,例如米氮平、喹硫平、奥氮平应避免用于贪食/暴食。

5. 吐后药物不补:如果患者先服药,过 1～2 小时因贪食而催吐,把先前服用的药物也吐了出来,先前服用的药补不补呢? 不补。理由是呕吐距先前服药已 1～2 小时,没法估计药物已吸收了多少,要补也不知该补多少,故宁可不补。

三、肥胖怎么治疗

一些精神药物易引起肥胖,例如,奥氮平、丙戊酸钠、喹硫平。可是,为了治疗需要,经常又不能减量。这时可选用托吡酯(妥泰)起始量 25 mg/中饭前,25 mg/晚饭前 或二甲双胍 250 mg/中饭前,250 mg/晚饭前 抑制贪食,效果是前者强一些,后者弱一些。但托吡酯可能引起情绪不稳、注意力下降和记忆力下降。

第六节　抑郁症的预后

一、怎样评价疗效

抗抑郁的疗效评价是按周算,不按天算,因为情绪变化快,按天算难以获得稳定地评价,所以每周评价一次即可,这种评价并非越细越好。过细反而抓不住主线。

1. 有效：抑郁改善50%以上，但症状尚未彻底消失。

2. 临床痊愈：抑郁缓解，无残留症状，自知力恢复，持续2个月以上。

3. 社会痊愈，在临床痊愈基础上，能执行完整的角色功能。学生能完成学习，成人能胜任原来工作，母亲能胜任带孩子。抑郁服药从有效到临床痊愈，顺利的话，4～6周即能达到；不顺利则更长。

4. 复燃：抑郁临床痊愈不到2个月就再次发作，叫复燃；或者未临床痊愈，持续2个月以上再次发作，也叫复燃。复燃不算二次发作，本次病程从前次发作算起。

5. 复发：临床痊愈2个月以上再次发作，叫作复发。复发算二次发作，本次病程从这次发作算起。

6. 顿挫性发作：复发是症状较重，对社会功能影响较大，持续时间较长。顿挫性发作是症状较轻、对社会功能影响较小，持续时间较短，可理解成达不到复发水平的一次症状小波动。

7. 突破性抑郁发作：是指在治疗药量不变的情况下再次抑郁发作，意思是突破药物原有的控制而发作。

二、抑郁能不能治愈

重性抑郁症和双相抑郁能否治愈，要看你怎么理解，理解成抑郁症状彻底缓解，2个月以上不发作，则能治愈；若理解成治愈就是除根，停药后永不复发，则不能治愈。重性抑郁症和双相抑郁症都是反复发作性疾病，倾向日后有顿挫性发作或复发，需长期或终生服药，维持服药只能使顿挫性发作或复发的次数减少、程度减轻而已。

那为什么有些双相抑郁和重性抑郁症患者治来治去也治不好？三种可能：一种是没有找到最适合他的药物种类或最适合的剂量，第二种是没有找到最适合的药物种类搭配和相应的适合剂量，第三种是该病确实难治。

三、抑郁可能残留哪些症状

急性抑郁发作缓解，有可能是完全缓解，也可能残留有情绪低落（能上班上学，但情绪低）、认知障碍（情绪不低，可以出去玩，但不能读书）和动力不足（情绪不低，但懒动贪睡）。有的因此长期不能上班、成家、生孩子。部分儿童、青少年抑郁症患者的情商就停留在抑郁起病那个年龄，不再发育。例如，11 岁发抑郁，以后年龄不管再大，其人际关系的常识就停留在 11 岁水平。

四、轻躁狂对后面的抑郁发作有无影响

理论上讲，轻躁狂后面会有更长、更重的抑郁进行赔偿，如果该患者的病史表明：轻躁狂后跟着就是抑郁，则意味着前面的轻躁狂是在透支脑能量，导致后面的抑郁更重，这种轻躁狂一定要用药积极控制。

但实际上，轻躁狂后面也不总是有相应的抑郁进行赔偿，因为：① 4%的躁狂患者从无抑郁发作；② 部分患者躁狂缓解后，有相当长的无症状期，之后才出现抑郁发作，说明前面的躁狂与后面的抑郁无直接的因果关系。所以对轻躁狂后无紧接着抑郁发作史的患者，这种轻躁狂不一定要积极处理。

五、恶化抑郁的因素有哪些

恶化抑郁的内源性因素包括：

1. 临床性或亚临床性甲状腺功能减退。
2. 月经前一周。
3. 分娩后。
4. 更年期。

恶化抑郁的外源因素包括：

1. 阴雨天。
2. 秋冬季。

3. 作业压力：抑郁引起作业完不成，作业完不成导致心理压力大，心理压力大增加脑耗能，恶化抑郁。

4. 心理落差：病前功课好的，有优越感，抑郁后学不下去，接受不了功课差这一事实；相反，病前功课就差，自卑惯了，抑郁症后只是更学不下去而已，反容易接受功课差的事实。

5. 服药不依从：抑郁症发作时自以为治不好，故不愿服药，不服药则抑郁更重；抑郁缓解后，自以为不会再发，故不维持服药，不维持服药则易复发。

六、抑郁远期预后差的因素有哪些

1. 童年心理创伤：童年心理创伤引起终生性应激敏感，易陷入不可应对的应激状态，导致抑郁复发。

2. 抑郁起病年龄小：说明脑功能失代偿早，远期预后差。

3. 持续的人际关系紧张（尤其是家庭关系紧张），预后差。

4. 脑 CT：脑 CT 对抑郁症和双相障碍的诊断并无价值，大部分抑郁症和双相障碍的脑 CT 正常。如果脑 CT 显示，患者的脑沟脑裂略宽、脑室扩大，提示轻度脑萎缩，提示该抑郁或双相障碍较难治，预后较差，但不能反过来说，脑 CT 正常的抑郁症和双相障碍就一定好治，预后就一定好。

七、青少年抑郁和双相障碍的神经发育不良将来难以修补

理论上讲，不足 18 岁时神经发育尚未完全，后面尚有继续发育的机会；18 岁以后神经发育完全，后面没有进一步发育的机会。按照这一理论，18 岁以后患抑郁或双相障碍，就无神经修复机会，应该预后差；不足 18 岁患抑郁或双相障碍，还有神经修复机会，应该预后好。可事实恰好相反，18 岁以前患抑郁或双相障碍的预后差，18 岁以后患抑郁或双相障碍的预后相对好。因为神经发育不良表现越早，说明失代偿越早，提示神经发育不良越重，故预后越差；相反，神经发育不良表现的症状越晚，说明

失代偿越晚(限于40岁以前,40岁以后又一说),提示神经发育不良越轻,预后越好。既然神经发育不良学说比神经修复学说能更好解释抑郁和双相障碍的预后,故我们认为,对青少年抑郁和双相障碍来说,神经发育不良的致病因素要大于神经修复能力,否则,为何没有越发越轻呢?所以,抑郁的神经发育不良将来难以修补。

第三章

家人怎样护理抑郁症患者

治病是医生的事，陪伴是家人的事，陪伴者的一个重要前提是跟被陪伴者的关系好不好。

1. 抑郁症患者不好侍候：坦率地讲，抑郁症，尤其是伴易激惹的抑郁症，不好侍候。不上学、不上班、在家不做事，也就算了，但无节度玩手机，搞到深更半夜不睡觉，次日一睡就是大半天；长期不出门，不运动，自然会发胖，一天减肥，另天天点外卖，明知是症状，但患者就是不改。

2. 亲子关系恶化：从陪伴角度上讲，对上述症状很难看得惯，假如你限制患者手机使用时间，限制患者点外卖，则很容易恶化你与患者的关系，你会发现，患者逐渐封闭内心，不愿与你说心里话，而与网上陌生人说孤独苦闷。这说明，他已失去对你的信任。连信任都没有，你怎么靠近他？不能靠近他，又怎么知道疾病的动向？不能掌握疾病的动向，又怎么跟医生汇报？连信任都没有，你怎么能让患者觉得，你是个依靠。

3. 他不是正常人：关系已恶化的需要尽快修补。在此以前，先要过你自己这一关，凭什么是你主动去修补，而不是他？因为他不是正常人。既然不是正常人，就不能用正常人的道理去说服他，也不能用对正常人的办法去对待他。你先前用的方法，是不是对待正常人的方法？如果是，就错了，该你主动去修补。

4. 修补不能解决他的坏习惯：修补只能缓解你们俩的紧张关系，并不能解决他的坏习惯，坏习惯是疾病造成的，既然是疾病造成的，就该由医生用药治疗才能解决(如果你不放心当下医生,可以换),如果你保持强硬态度,非但没有解决他的坏习惯,而且使你们的关系更紧张。本来,只是疾病症状一方面的损失,现在经你一搞,变成了疾病症状+关系紧张两方面的损失。

5. 修补关系的代价:人都是有欲望的,不挡着他去满足欲望,他就喜欢你,挡着他去满足欲望,他就恨你。掌握这个原则,你就知道该怎么修补关系了。有时需要花一些冤枉钱,换取的商品虽然不值,但换取他的心顺这是值的,关键是,所花的冤枉钱在不在你的承受范围内。

抑郁症或双相障碍的父母们应了解患者所服药物的适应证,就像常人该知道感冒应吃康泰克一样。要短到一句话就能记清。例如,阿立哌唑和百忧解是提精神的,曲唑酮是引起瞌睡的,丙戊酸镁是制怒的。如果引起失眠了,就要减阿立哌唑和百忧解剂量;如果瞌睡了,就要减曲唑酮剂量;如果觉得生气不起来,就要减丙戊酸镁剂量。如果出现了其他副作用,再去查药物说明书,或问医生,无需事事都记。

"如何陪伴"就更重要了,幼儿园老师带小朋友,还要经过培训,才能上岗。你带的是"特殊小朋友",行为乖张,至少该了解患者为什么会这样乖张(例如抑郁为什么懒动、思睡、发脾气),你才能做到不跟她一般见识,不愤怒,找医生治疗。如果不了解,则把患者的乖张视作品质问题,好好说不行,就上强硬手段,结果恶化了与患者的关系,促进了患者的自杀。陪伴就是要先读懂患者为什么会这样做。

第一节　家人怎样读懂抑郁症患者

一、为什么"烂泥扶不上墙"

1. 看书不行,看手机却行:因为看专业书的用脑强度高,而看手机的用脑强度低。故当患者不能看专业书时,却能看手机消遣。有的抑郁症患者一篇小说反复看，一款游戏反复玩。因为他的思维迟缓，理解和接受新事物的能力减退，在熟悉内容中再次联想，毕竟容易一些。

2. 说得信誓旦旦，但就是不做：患者每天写日记，鼓励自己努力学习，但写完后就是不做。因为患者有欲望，但精力跟不上，故总是拖延。有的患者既不肯休学，又不肯上学。因为上学的愿望尚在，但又无精力上学。

二、为什么自相矛盾

1. 一会想做，一会又不想做：这是欲望和理性交替占上风的结果，当欲望占上风时，决定做；当理性占上风时，又决定不能做。例如，想点肯德基外卖，吃了又怕发胖，还是不点吧！过一会又想点了，如此数次。抑郁的意志减退，最后还是屈服于欲望，点吧！还有一种是欲望与精力不协调，今晚是洗澡呢，还是不洗澡呢？洗吧，累人；不洗吧，又嫌脏，是洗呢，还是不洗呢？犹豫不决。

2. 既想过得舒服，又希望病情很重：一般人的理解是，要想过得舒服，前提是健康没病。有的抑郁症患者是想过得舒服，却希望病情很重。这个“病情很重”是希望医学诊断的疾病名称重，而不是希望病痛很重，这样就有理由不上学、不上班、舒舒服服地待在家里了。

3. 抑郁怎么还会微笑：抑郁是情感低落，表情应当沉重，重性抑郁是笑不出来的；其实微笑性抑郁也不是真笑，而是面对人群装出“微笑”的样子，是一种缺乏内心体验的假笑，是用嘴唇咧开（口部变宽）的微笑，而不是用眼睛微笑（眼周皮肤不起皱），故微笑时，眼周肌肉依旧僵硬。“微笑”是应场的，微笑性抑郁照样会自杀。

4. 在外人面前为什么能装得很好：抑郁症患者在家很懒动，不想出门，即使勉强跟家人出行，一步也懒得多走，不肯乘公交，只乘出租车。但跟亲友出门，则能走很多路，乘公交也不会吭声。因为在外人面前，总要装成正常的样子，即使很累也要撑着，在家人面前就不必装。就像你请客吃饭一样，买单时再贵，也不敢说贵。

5. 抑郁怎么还好抽烟、喝酒？抑郁症患者缺乏兴趣，于是就用刺激性物质提高兴趣，其中吸烟能增加脑内去甲肾上腺素释放，后者能提精神，提情绪，吸烟增加脑内多巴胺释放，多巴胺增加预期性快感，也提精神，故患者通过吸烟起着自我治疗抑郁的作用；安非他酮增加脑内去甲肾上腺素和多巴胺能传导，取代吸烟作用，可减轻抑郁的嗜烟性。

伴焦虑和烦躁的抑郁症患者为了使自己平静下来，会大量饮酒，因为酒精有氯硝西泮样的镇静和抗焦虑效应，饮酒后短时间内会释放去甲肾上腺素和多巴胺，导致患者兴奋、话多、情绪高涨。

6. 看书为什么要听音乐？一般人在安静情况下才能看得进书。可是，一些抑郁症患者要开着音乐才能看书，因为他们的警醒度较高，心静不下来，听音乐可分散部分注意力，吸收部分警醒度，使他们能静下心来看书。为什么有人非要在闹市里才能看得进书，就是这个道理。

三、为什么抱怨别人不关心她

患者对快感缺失有三种反应，第一种是放弃，放弃追求也就缺乏动力，缺乏动力导致懒动。第二种是投射，把快感缺失归因为别人不关心她、不爱她的结果，于是抱怨："男朋友不重视她"，"室友孤立她"，"妈妈不正视她"。第三种是寻求刺激，像小孩子一样与家人过度哄闹，来激起迟钝的快感，例如抱着妈妈亲，要妈妈把自己当小宝宝哄。

四、为什么要自杀

1. 活得好好的为什么想死？抑郁症的脑能量不足，导致他活得很累，很累就无生趣，无生趣就想死，以死来摆脱累。有的家属不理解，说患者自杀是"作"，是"自找罪受"。有的家属怀疑，患者喊想死是不是假象？我们认为，患者主诉想死，家属就要当真，不能当作是吓唬人的。因为自杀一旦实施，将追悔莫及。有的患者跑到楼顶上，想跳，害怕，又下来了，这不就是一念之差吗？

2. 微笑为什么转脸就自杀：在超超快速循环性双相障碍患者中，由躁狂转向抑郁，可能只需一秒钟时间。上一秒还听歌开心而微笑，下一秒就转入抑郁，吞药自杀。

3. 能尊重患者的自杀选择吗？自杀是严重抑郁发作时的一种病理选择，当然不能随他去，应积极治疗，全力看护。如果怎么治疗也无效，怎么看护也没看住，还是自杀死了，这时活着的人总不能老是沉浸在内疚的心境中，才说："都尽力了，只能尊重他的选择"。

4. 患者威胁要自杀，家长一定要认怂：妈妈骂了患者，患者就跑到外面，说让汽车撞死算了！凡是谈到想死，都是真有此意，只是在实施上还有一些顾忌。例如，害怕垂死时的痛苦。妈妈要马上跟出去服软，不能跟她硬来，你一激，她真会不顾一切地撞车。

五、责怪父母"你们为什么要生我"

抑郁症因为精力和体力的减退，所以活得很艰难，感到生活是在煎熬，是在受罪，反思要是不出生，就没这些煎熬和受罪了，所以得出结论，"出生就是个错误"，出生是谁造成的呢？父母。于是责问父母："你们为什么要生我？"

六、为什么对家人表情冷漠

混合性抑郁伴有烦躁，跟他多说几句话，他就嫌烦，躲在自己房间里，不想与家人照面。屋里屋外联系都用短信，听到语音通话就嫌烦。正因为嫌烦，所以见到家人就表情冷漠，这种冷漠不是情感淡漠，而是内心抵触，嫌烦。

七、为什么躁狂-抑郁人群学绘画的多

1. 躁狂-抑郁患者学绘画的比率高：一部分躁狂-抑郁患者是学绘画出身的，其比率似乎比常人高。从解剖学上讲，躁狂-抑郁是右半球负荷过重，绘画技术是靠空间想象和主观情绪。其中空间想象是来自右半球顶叶，主观情绪主要取决于右半球。

2. 躁狂-抑郁患者倾向学画是自然形成还是被逼的：躁狂-抑郁患者学画的人多，是不是文化课学不进去，才转向艺考的呢？这要看他在文化课落下以前，是否就擅长绘画。如果以前就擅长绘画，因绘画时间和精力挤占了文化课的学习时间和精力，导致文化课跟不上，这就是绘画拖累了文化课；如果文化课跟不上在先，转为学画艺考在后，则学画是被文化课跟不上逼出来的。

3. 躁狂-抑郁对绘画的影响：在躁狂时，绘画可超常发挥，一位10岁男孩，躁狂发作一周，那周画的花卉比平时好得多。当轻躁狂发作时，精力旺盛，可日夜连轴地画，一昼夜可完成平时几天才能完成的画，且线条流畅、连贯、充满生气。当轻抑郁发作时，患者的画面充满灰暗和暮气，因精力不足，故线条呆板、不连贯、缺乏生气。到了重性抑郁发作时，就懒得提笔，不想画，也画不出来。

4. 精神药物对绘画的影响：急性躁狂患者服用碳酸锂、利培酮、奥氮平，使患者能静下心来作画。可是，碳酸锂抑制绘画灵感，利培酮抑制绘画快感，奥氮平抑制绘画精力，又阻碍了绘画创作。

八、为什么抑郁症患者喜欢养狗或猫

正常人通过社交获得快感，抑郁症患者由于脑能量不足，心里空虚，因思维迟缓而难以与人交流，因意志减退而懒得与人交流，所以无法通过社交获得快感，只有通过养狗、养猫来填补自己的空虚，这不仅是通过狗、猫对患者的依恋，而且是通过患者对狗毛、猫毛的抚摸，以及狗、猫身上发出的体味，都会让患者感到松弛、欣慰。不过，爱狗、爱猫是短期的，负担则是长期的。为了得到家人的准许，患者答应每天自己遛狗，答应自己照顾猫。但等宠爱那股劲过去以后，她就躲开狗、猫，把负担扔给家人。

第二节　家人在生活中怎么陪伴抑郁症患者

一、平时与患者交流要注意什么

1. 不要刺激他：当抑郁意志减退时，对正常人不算事的事，患者都做不了，从而精神崩溃。例如，妈妈叫患者学着做点事，说话时语气不太好，妈妈走后，患者就吞服氯硝西泮 20 多片。对这种患者，说话一定要小心翼翼，不能悖逆她的主张。

2. 遇到冲突要及时妥协：当与患者交流出现摩擦时，患者发出最后通牒："你再这样说你会后悔"。家长马上妥协，就能止住患者下一步的冲动。如果硬顶，就可能激起冲动性自杀行为。有些家长咽不下这口气，以为患者是以疯作邪，吓唬人，等患者真的服药过量或跳楼，才知道后果的严重性。

3. 对患者的要求不要事事当真：混合性抑郁症患者对既往不愉快的事件反应过强，跟他讲道理又说不通，此时对他的无理要求不要当真，可敷衍他。例如，患者去年在网上被骂，现在想起来心里难受，让家人找黑客回骂。家人可敷衍他："已经找了黑客，付了 2 000 块钱，骂回去了，具体骂他的人，涉及对方隐私，黑客出于职业道德，不肯透露。"

4. 不要逼患者上学、上班：家长应把抑郁理解成脑能量代谢不足性疾病，看到患者懒动，就不要逼患者上学、上班了。一位患者说："我躺在床上像废物，身上难受得想死，更别提去应付工作、人际了。可家人不理解，逼我去工作，拿以前不如我的人跟我比，让我发疯、想不开。"所以，能不能上学、上班，患者心里有数，应让他自己决定。不同时间，自我感受不同，决定也不同。

家长经常认为，患者还是个孩子，不懂事，不与他商量，要与医生商量孩子上学、上班的事，试想，是医生更了解患者的体验？还是患者更了解自己的体验？当然是患者自己了。所以，家长应当与患者商量上学、上班的事。也许家长会说，“他是小孩，不自觉，由他决定，他当然是不上学、不上班开心唠！”不要低估患者的认知，每个人都愿意跟着同龄人群走的，没有不得已的原因，谁也不愿意不上学、不上班，否则又怎么跟邻居和亲友交代呢？

5. 询问病情：家长询问患者的病情太频繁，会引起患者的不耐烦。相反，不敢询问患者的病情，生怕刺激患者，加重病情，这又是另一个极端。例如，对患者有无自杀想法不敢问，生怕本来没有，一问倒提醒他了。实际上恰好相反，你问他想自杀吗？没有自杀念头的人是不会激起自杀念头的，而有自杀念头的人知道这是把它当症状来问的，反而对自杀念头有一定的抵制，尽管不一定能起决定性作用。

不敢询问患者有无幻听，生怕他注意到幻听，幻听就多了。如果真如此，说明幻听没真的好转。应大胆去问，问出幻听恶化，是他幻听没好，不是你家长的责任，只有问出他幻听的真实频度，告诉医生，医生才能对症下药。

患者回答含糊也有意义。家长问患者：“还有没有幻听？”患者答：“可能有，可能没有！”这不是无效回答，该回答提示：幻听是在“有”与“无”之间，说明幻听已经不明显了。“可能有”，说明还是有；“可能没有”，说明很难分清是幻听还是想象，已经很不鲜明了。

二、怎么对付抑郁残留期要买电脑玩游戏

1. 玩游戏的背景：买电脑玩游戏，对我们这些不玩（其实也不懂）的人来说，那是玩物丧志，耽误学习。但对他们的青少年人群来说，懂就是时髦，玩得好就是高手，是受尊重的，不懂才是“呆”，是被边缘化的。大家议论玩游戏时热火朝天，没玩过的人只能站在人群外围看热闹，或黯然离开。所以家长很矛盾，给他玩多了吧，百事俱废；不玩吧，又被歧视。该怎么办呢？

2. 既要买又要拖：我觉得对孩子要求买电脑玩游戏的事，应该答应，

但又要拖，提条件："你成绩好到什么程度，就买"，或"你持续上学多久，起码每门功课都及格，就买"，提的条件一定要在孩子现有水平上再努力一下就能达到的，如果你提的条件太高，每门功课平均达 95 分再买，考上清华北大再买，那智障都能听出来，你是诚心不给他买。要给孩子留一点温情，一点念想，孩子患抑郁后，母亲与孩子的情感纽带应该加强，而不是减弱，加强的主动方在母亲，不在孩子。因为抑郁而懒动，因为混合性抑郁而挑剔，母亲很难忍受，直觉反应是愤怒、责骂，但后来知道孩子是病，就忍了。这还不够，还要宠着点养，提条件买电脑，就是宠着点养的一种方式。

3. 买的电脑既要网速快，又要寿命短：网速快可满足他玩的那款游戏，否则老是卡，他会愤怒的；最好选一台网评中寿命短，故障多、容易坏的电脑，为什么要挑容易坏的买呢？你真希望他无限畅玩啊？

4. 不能强行拔网线：人家玩得正开心，你看他玩得无节度，气得拔网线，他肯定会愤怒，虽不敢攻击你（你是长辈），但他会关上卧室门，越想越气，最后跳楼。我们遇到一位 18 岁女性，早晨不停地玩电脑游戏，妈妈看了愤怒，拔了网线，带着网线上班去了。上午 9 点，患者越想越气，最后从卧室的 6 楼跳下，被 5 楼的晾衣架挡了一下，最终落在水泥地上，骨盆等多处骨折，做了三次手术才康复。

5. 再次进入他求你的状态：在他玩电脑游戏一段时间后，电脑坏了，他怪不上你，只能求你再买一台新的。这时，主动权又回到你手里，你又提条件了："要达到什么成绩、考入几本学校，才能买"，既让他有一个念想，又让他为这个念想努力一阵子，且拖延了买电脑的时间。

三、患者提的条件不可能都答应

一位家长提到："记得我看过一个视频，在德国的一所精神科医院，一位抑郁症患者住院，说想弹钢琴，医院第二天就买了一架钢琴，目的是让患者彻底放松，做自己想做的事。"我对这个视频情节，有两点怀疑。

第一，医院是经营机构，不管做什么治疗，必须是入大于出，动不动就买回一架钢琴，要么是德国的钢琴不像我们想象的那么贵，要么是患者的住院费用远远超过一架钢琴，要么是虽以医院名义买来，但实际上还是由病家买单。

第二，患者说要就买，如果不是一件稀罕事，就不会上视频。可见是一件稀罕事，比如你吃一顿牛肉拉面，太普通了，不好意思拍视频上传。既然是稀罕事件，视频里为了炒作，花大价钱买一架钢琴作为医院人文关怀的宣传，也是值的。但这不会成为常态。

如果“为了让患者彻底放松，做自己想做的事”，患者提什么要求都照办。那患者说，“我弹钢琴时，需要一个大型乐队在旁边伴奏，否则，我就激发不了演奏激情”，那医院是否还请一个大型乐队来？

四、对患者最初工作的苟且态度

抑郁症患者通过治疗，精力恢复或部分恢复，就想找工作，此时家长不要高兴得太早，不要对患者找工作太当真，这很可能是暂时性的，有可能干几天或几个星期就跑回来了。所以，应抱着鼓励但不帮忙的态度，让他自己去找，不怕临时性、不怕工资低，权当熟悉社会，体验工作艰辛。假如患者一提找工作，家人就竭力帮忙，找熟人，托关系，费了很大的劲，替他找到一份稳定可靠的工作。而患者干不了几个月就跑回来，家长一定很失望、很生气。只有在患者尝试了几份工作后，知道社会艰辛，知道工作不易，不再眼高手低，不敢再随便跳槽，家长才考虑托关系，为他找一份稳定可靠的工作。

五、怎么对待患者磕磕碰碰地上学或上班

年轻抑郁症或双相障碍患者恢复上学或上班后，通常并不顺利，磕磕碰碰，有时病情还会波动，此时家长对患者持什么态度，有四种选项：

第一种是：你能（带病）上学或上班，就很“厉害”了。这个“厉害”是竖大拇指的意思。

第二种是：你能上学或上班，就行了，这个“就行了”是接纳的意思。

第三种是：你以前成绩多好，现在上学要是能达到以前的成绩就好

了；你读了大学或研究生，就找这么一个普通的工作！这是遗憾或不满的意思。

第四种是："行了行了，能上学、上班就上，不能上就躺在家里，我们养你"。这是不满加放弃的意思。

首先，家长必须承认：他是一个患者，其次，他是带病上学、上班，这是一种什么感受？就像你正发热 38℃，依然要从菜场拎回 10 kg 大米。你想想此时拎与平时拎有什么差别，就能体会到患者带病上学、上班，与正常人有什么差别，你就会对他有什么态度。

六、抑郁的固执决定可能随时松动

抑郁经常做出灾难性决定，该决定将导致灾难性后果。例如，一位副处级干部，临到竞聘处级干部时，因为抑郁的害怕，死活不敢去，结果处长没升上去；一位刚进高中的抑郁女生，高中分班考试，将决定是分到精英班还是普通班，该女生当天死活不起床，不肯去参加考试，结果妈妈劝一劝，过一会又劝一劝，终于起床去参加考试，结果分入精英班。所以，别看患者当时的信念不可动摇，这毕竟是强烈情感支撑决定的，一旦强烈情感松动，决定马上跟着松动。请看下例：

21 岁女性，诊断双相 3 型障碍，7 月 3 日举行大学毕业典礼兼考试。7 月 1 日她明确表示：死也不会去，讨厌班上的所有人，包括老师，毕业证她无所谓，她也不属于这个班。经过德巴金增量，加服碳酸锂，妈妈跟她讲，"再不喜欢，将来总要有个毕业证。否则就只有高中毕业证了"。到 7 月 2 日晚，患者突然让妈妈给她准备毕业照时穿的衣服，7 月 3 日一大早就去学校了，终于拿到了毕业证。

所以，对这种临场掉链子的患者，是急坏了家人，但不到时机已经错过，就不要放弃，因为随时都有转变可能性。

七、结婚生育的顾虑

1. 结婚：能谈恋爱，能结婚的，说明社会功能较好。如果中途散了，有可能是谈不来，也有可能是社会功能不好。

2. 不愿或不能结婚：到了恋爱的年龄，春心萌动是正常的，不萌动就像是种子连芽都发不出来一样，说明神经发育不良的程度更重。如果患者成年后不愿（或不能）结婚成家，一直跟家长过，家长能动一天，就尽一天义务，不能动了，也管不了了；死了，还能不撒手？所以患者日后的事，家长不能包，想包也包不成，只能听天由命。

3. 生育的利弊：生育，好处是像常人一样，生活有希望，抚养孩子的乐趣多于劳累，你看母亲骑车或开车接送孩子上校外班，等候孩子下课，要花掉多少时间！能出头的孩子毕竟是少数，大部分孩子都是陪练，母亲接送孩子陪练累不累？累！但累得充实。缺点是工资需被分割，孩子越多，就越需努力挣钱，自己的疾病还有遗传给孩子的风险（单相抑郁遗传率10%，双相抑郁遗传率30%）。不过遗传也不怕，理由是：

（1）人生下来，就是来折腾的，就是来克服困难的，就我们自己的经历来看，这一辈子折腾得还算少吗？

（2）即使复制了母亲的抑郁症，其预后有母亲作标杆，也差不到哪里去。何况还有一大部分不遗传的机率呢？

4. 不生育的社交尴尬：有的家长主张，双相障碍和抑郁症患者可以结婚，但不能要孩子。可是，患者将来听到同事间讲自家孩子的事，心里能没波澜？家长说，那就让她走开，不听她们谈孩子。一次两次可以走开，那在多个场合下，人家都在谈，她又不能上前给人一个耳光，制止别人谈！回过头来想，这是她心里最柔软的地方，怕人提呀！

5. 不生育的个人利弊：不生育，好处是经济宽裕（工资无需被分割，有多少花多少，无需过于努力挣钱），没有疾病遗传给子女的风险，坏处是精神空虚，过一天老一天，后继无人，没盼头。

6. 离婚：结婚后由于经常发病，丈夫又与她离婚。不等于是没结婚吗？不一样，经历过结婚比从未结过婚的好。至少是经历过男女之情；知道有个小家是什么样子。就像是高考没考上，与考上没读下来不一样，毕竟，后者经历过大学生活，知道大学生活的滋味，尽管有宿舍局促、人际矛盾、考试负担等一大堆不痛快的事，而前者只能听别人讲，“徒有羡鱼情”，甚至走进大学，都觉得这不是我该来的地方，我又不是大学生！

八、全神贯注地听患者倾诉

1. 向你倾诉是认为你有办法：当患者有伤心难过的事情时，一种反应是压抑，不想它，分心治疗就是暂时不想它，但问题并没有解决，一旦平静下来，还会重新想起。第二种反应是倾诉，是希望从你这里获得力量，以增强对伤心难过的抵抗力。在患者眼里，你比他有力量，能支持他。倾诉也有成本，因为倾诉是要让伤心难过的“磁带”在意识窗中再播一遍，让自己再难过一次。所以，“小事说说，大事也就只有沉默了”。患者只有判定向你倾诉的获得感大于难过感，才决定向你倾诉。如果说患者是教民，你就是神父；患者是刘备，你就是诸葛亮；患者是学生，你就是教师。

2. 你应拿出一种被尊重的态度：作为神父、诸葛亮、教师，你需要① 全神贯注地听，目光注视患者，让患者感到，你正准备帮助他，而不能目光闪忽四顾，顾左右而言他，这就辜负了他对你的信任；② 在听的过程中，要理出事件的逻辑链，遇到不清楚的，及时问，因为等他讲完了，就轮到你提出解决问题的方案的时候了。

3. 提供心理援助：心理援助分上、中、下三乘。上乘是出主意帮他解决实际问题，例如，他失恋，出主意帮他把对象追回来。解决办法应有一定的实操性，能不能成功则不能保证。中乘是没法解决实际问题，但能帮他减轻心理痛苦，可讲一些别人的类似经历，他们是怎么熬过来的，让患者有一个参照物。这个参照物的结局可以比患者期待的要好，也可以比患者期待的要差，好则有个盼头；差则自我侥幸。下乘是让我再想想，看有什么好的解决方法，让患者有一个期待。

4. 三不要：① 不要敷衍了事：“唉，想开一点、想开一点”，“摇摇头，不想就过去了”，“我要去买菜了。”这会让患者视你为无能；② 不要批评他，患者找你倾诉是希望你支持他的，而不是要听你批评的。这里要的是温度，而不是公正；③ 不要训他，你训他，固然能回避解决当前的难题，阻止他下次再给你出难题。不过，他的心理大门，从此就对你关上了。

九、生活中常见问题

（一）抑郁突然变得有幸福感

抑郁突然变得有幸福感，警惕转躁。持续抑郁，不肯上学，成天关在小黑屋里睡觉，一觉醒来，感到睡得很好，打开窗帘："看着阳光明媚的街景，感觉生活在童话世界或小说里一样，很幸福。要努力学习，为世界做贡献。想在明亮的大卧室里睡觉。不再有对同学不好的回忆了，想念以前的同学，想和同学们联系。做一个太阳一样的人，去帮助弱小的人。"家长听到这些话，别以为是抑郁好了，而是转入轻躁狂状态。下面来逐一分析：

1. "阳光明媚的街景"意味着色彩和清晰度都轻微增强，是躁狂敞亮感的结果。"生活在童话世界或小说里"意味着有超现实的幸福感，这是轻躁狂。

2. 平时为什么不觉得"很幸福"，这会儿为什么觉得"很幸福"？只有很舒坦的体验才会"很幸福"。"为世界做贡献"是官话，与家长这样说，未免太夸张，提示患者此时有超常的自负感，这是轻躁狂。

3. "想在明亮的大卧室里睡觉"：是轻躁狂敞亮感的结果。

4. "不再对同学有不好的回忆了，想念以前的同学，想和同学们联系"。这是与幸福感一致的美好记忆唤醒，而与幸福感不一致的不愉快记忆休眠所致。

5. "想做一个太阳一样的人，去帮助弱小的人"，反映了轻躁狂的充实感。

（二）大腿内侧有紫痕

1. 拉伸纹：一些女患者大腿内侧有紫痕，摸有凸起感。这是拉伸纹。

2. 横向拉伸纹：当人处于站立姿态时，拉伸纹是水平的话，是大腿生长变长速度超过皮肤生长速度，导致表皮层横向拉裂，看见了红色的真皮层。

3. 纵向拉伸纹：当人处于站立姿态时，拉伸纹是垂直的话，则是大腿变粗速度超过皮肤生长速度，导致表皮层纵向拉裂，看见了红色的真皮层。

4. 抑郁症或双相障碍的纵向拉伸纹：抑郁症或双相障碍女患者常主诉大腿内侧的纵向紫痕，通常是肥胖所致。肥胖原因有：① 不典型抑郁导致的贪食、贪睡；② 服用了易发胖的精神药物，发胖程度是奥氮平≈米氮平＞丙戊酸钠＞喹硫平≈利培酮≥碳酸锂。

（三）不赞成学驾驶

双相抑郁症患者如恢复不全，每天一顿饭、一顿药、一个网，再加上无聊，就想学驾驶，家属不应赞成。主要不是驾驶能否学会的问题，而是学会后，将来发躁狂，又服用了干扰驾驶的药物，明明不能开车，他非要去开，去飙车，结果可能引起恶性交通事故。

（四）不赞成出国留学

抑郁一旦缓解，患者就自以为不会再发，兴冲冲地要出国留学。这时家长要考虑四个怎么办：去了国外，抑郁复发没人照顾怎么办？仅靠家人手机救助，他不听怎么办？国外看病不如国内方便，每次要预约，病情急性恶化，得不到及时处理怎么办？即使国内医生提出治疗方案，在国外不能及时拿到药物，靠国内寄药不及时怎么办？

第三节　家人怎样应对患者学习上的挫折

一、休学

抑郁因为注意迟缓、脑子转不动、早晨起不来，主观上不想上学，除了就诊精神科医生外，可短期请假，也可间歇性多次短期请假，目的是等抗抑郁治疗起效，能接着上学。如果缺课一个月以上，估计再难跟上，才考虑休学。

二、复学

1. 怕复学：抑郁发作时自信心下降，对原来能应对的境遇，却怕应对不了。例如，抑郁学生休学 1 年，害怕复学，怕的头天晚上睡不着觉，次日家人送他到校门口，也不敢进校门。

2. 进了学校也未必能成功复学：患者精力、体力有所改善，在家无聊，想提前复学，家长自然高兴，但不要高兴得太早，因为复学不一定能坚持下来。有的患者病后就没碰过书，明明不宜提前复学，他偏要复，复学没几天就退回来，这对患者又是新一轮的打击。例如，一位 18 岁男性抑郁缓解后，要去复读学校，去前很轻松，信心满满。去了第二天，就打电话来说坚持不住，学习节奏太快了，学不进去。家人将之接回，就再也不想去学校，退学了。在家又学了一天，后慢慢开始打游戏了。所以抑郁缓解后，先观察 2 月，确实稳定了，又想复学，再尝试复学，理由是抑郁缓解持续 2 个月才算痊愈。

3. 你的态度要不偏不倚：抑郁真要康复了，想提前复学，你拦也拦不住；没康复好，你把他抬进学校，他也会跑回来。所以，不要以为你的意见有多重要，关键是他的康复程度。尽管你巴不得他去上学，但你是家里领导，领导说话不仅要表达主观意愿，而且要看客观效果。所以你的态度要不偏不倚："你想好，复学就要像个复学的样子，不要上几天就跑回来，让人笑话；没准备好就再歇歇，没人催你。"由他决定，他决定的事，无论成败，都赖不上别人。

4. 你代他做决定的后果：他已不是小学生了，不会任你用电瓶车把他送到哪里，他就在哪里上课。他有独立思想了，会判断，会揣测你的动机。一言不慎，他就会得出相反的结论。如果你让他复学，复学失败回来就怪你，"是妈妈叫我去的"。让他继续休学，他就说"是妈妈耽误了我的学业"。你可以为他分析提前复学的利弊，利弊大小还不是由你说吗？这可以暗中影响他的决定。影响是影响了，但责任推得一干二净，多好！

5. 复学时不要轻易转学：一些学生病前在快班，学习紧张，跟不上，复学后经患者同意，家长与老师协商，调整到普通班，减轻学习压力，这是可以的。但不要轻易给孩子转学，因为每个学校的上课进度不一样，转到进度快的学校，患者有段课程没学过，心中总是空白；转到进度慢的学校，要陪新同学上已学过的课程，白白浪费时间。转学后，患者会以之前的校风标准吐槽转到的学校，引起新一轮的人际冲突。

6. 复学后与大家的交往：有家长问："孩子在校感觉人际交往紧张，是劝他只跟一个或两个朋友交往即可，还是让他多多跟大家交往呢？"我们认为，每个人都有自己的价值观，凭着这种价值观寻找自己喜欢的同学，抵制不喜欢的同学。故孩子只与自己喜欢的同学交往，不与或排斥与自己不喜欢的同学交往，这是很自然的反应；同样，同学与你孩子有不同的价值观，也会不喜欢或竭力排斥你的孩子，在这种情况下，你的孩子就是再讨好他们也没用。所以，人际交好是可遇不可求的事情，合得来则自然交往多；合不来则自然交往少，能敷衍过去就不错了；再合不来，就形同陌路；再合不来，就互怼了。

7. 复学几天就退回家了怎么办？一是接纳退回现状，二是问清退回的原因，有的是因为焦虑，不愿面临那个环境、气氛；有的是因为抑郁，精力和体力跟不上。然后报告给医生，请示调药方法，不寄希望于劝说，不寄希望于孩子的毅力，不寄希望于心理医生的心灵鸡汤。学生但凡能撑下去的，一定不会轻易回家，都是实在撑不下去才回家的。就像是在老同学聚会中，即使你当时感冒、发热、头痛不适，也会撑到散会，如果中途退场，那一定是实在撑不住了。

三、复学证明

1. 医院给开复学证明：双相障碍或抑郁症患者复学，校方要求在定点医院开复学证明，证明患者的精神状况能够在校正常学习、生活，才能复学，这种证明医生会给开的。比如，诊断：双相障碍。建议：目前病情稳定，尝试复学。这种病情稳定，只能说医生门诊时看到的病情稳定，不保证日后在校依然病情稳定，如果日后在校发生意外（例如跳楼），开证明的医生并无责任。

2. 证明不是金钟罩：学校要这个证明，其实也是一种自我保护，意思是你在校出了意外，与校方无关，如果家长到学校去闹，学校说医生证明你能上学。如果家长到医院闹，医院说医生当时看你是好的，才说病情稳定，让你尝试复学，意思是复学以后，如果不行（病情不稳或复发），还可继续请假或休学，不能保证你日后不出问题，如果要保证，则证明永远也开不出来。何况病情复发，在家不也照样出意外吗？

3. 遇到不给开的医生怎么办：如果医生固执地认为，我开复学证明，就要对你是否能复学担责，你让我开"目前病情稳定"，我怎么能肯定你目前病情稳定？就凭门诊这十几分钟的谈话和观察？你在家的情况我怎么知道？即使你在我眼皮底下观察一周没问题，我也不敢肯定你心里不想自杀。要是遇到这样的医生，则这张证明永远也开不出来。这时你不要再跟这位医生纠缠，退号，换一个有年资的医生，请他开具。

4. 先有病历诊断，后有证明：如果患者没在学校要求的定点医院看过病，现在学校要求在定点医院开复学证明，一次就诊肯定是开不出来的，要先在该定点医院看过一次，有了诊断，下次带着学校出具的"要求定点医院出具疾病诊断和疾病恢复状况"的介绍信，再去复诊，请求开证明，比较好办。最好是在副主任医师以上的医师那里看，他们心里有底，胆子也大一些。

5. 先出具介绍信，后开证明：假如忘了先去学校开介绍信，去医院就开不到复学证明，因为医学证明的页脚上注明，凭单位介绍信出具，即使医生违规开了证明，到门诊服务台也盖不了章。所以，要求先出具介绍信，不是医生卡你，是医院有这个制度。

6. 没有介绍信就只能开具诊疗联系单：假如忘了先去学校开介绍信，去医院还有什么权变办法吗？有！在没有介绍信的背景下，医生可以出具诊疗联系单，内容同样写，诊断：双相障碍。建议：目前病情稳定，尝试复学。通过门诊服务台盖章生效。可是，诊疗联系单的页脚上注明：不能作为诊断证明和病假证明使用。你交给学校，学校马虎一点的就当作是医院复学证明了，毕竟它是医生出具的医疗文件和医疗建议，而且盖有医院门诊公章；如果学校较真，说这个不算，必须是诊断证明，那你就讲，“医院只有在你们开介绍信的情况下，才能出具诊断证明，你们给我开个介绍信，我再跑一趟”。

7. 校方检验学生的复学能力：浙江一所中学，在抑郁症学生办理复学手续时，先让学生在学生处办公室里独自做了3小时练习卷，以检测学习精力是否恢复正常；然后安排学生与心理老师交谈一次，以检测心理状态是否恢复正常。一位抑郁症学生认真做完了3小时练习卷；与心理老师交谈前说害怕，但实际交谈也很顺利。事后，该生还是主动放弃了复学，继续休学。看来，这个复学门槛，确能检出一批不具备复学能力的抑郁症学生。

四、上课听不懂怎么办

1. 上课听不懂：一些抑郁残留期患者，虽然形式上复学了，但上课还是完全听不懂，不是看小说就是睡觉，看似比不上学好，其实还不如不上学。因为听不懂就成绩差，成绩差就受歧视，社交氛围就不愉快，还不如在家里心情愉快；收获的只是家人自欺欺人的满足感：“我儿子现在上学了”。随着时移，这种听不懂将越演越烈，心情将越来越糟。

2. 留级：此时，家长应跟患者商量，这样混下去很难毕业，即使毕业也是假毕业，什么也没学到，怎么去应对相应的工作岗位？除非你自主创业。解决问题的唯一方法是从头再来，留一级甚至留两级，从上次掉队的那时补起，才能跟上正常的学习节奏。留级的名声很难听。但你心知，是因患抑郁症而学不下去，又不是智障造成。当然，你不可能到处跟人讲，我是患抑郁症才留级的，但你心里有数，就有一定的承受力了。你如能编一个更体面的留级理由，则更好。

3. 辍学：社会上的事，正确答案往往不止一个。对于不同的人，不同的选择都是正确的。你原来学习成绩不错，不甘心继续混下去，留级是适当的选择。如果你病前学习成绩就差，一向视学习为畏途，即使留级重来，也只是延长这种无意义的煎熬。这种情况，能混毕业就混毕业，混不下去就辍学，那辍学不是损失更大吗？关键是，辍学比经常失控性大哭、闹着要自杀的损失小得多。

五、不敢去考试怎么办

不敢去考试有两种情况，一种是长期不上学，对考试一点底也没有，毫无胜算，躲着不去，以免出丑，这是正常反应；另一种是平时学得不错，就怕考试，明知不必，但就是怕，这是恐怖。明天考试今晚怕，今晚服阿普唑仑 0.4～0.8 mg，马上考试马上怕，进考场前服阿普唑仑 0.4 mg，服阿普唑仑后，会不会在考场上睡着了？或原来会的现在想不起来了？不会，恐怖患者的警醒度比常人高，服阿普唑仑降低警醒度，其镇静反应比正常人为轻，不会像正常人服用后那么瞌睡，至多是轻度镇静，对写出已会的知识是不成问题的。

六、想退学怎么办

1. 主动退学：大学本科有两次休学机会。如果患者还没用完两次休学机会，因抑郁影响认知，坚信自己学不下去，主动要退学，这时家长可敷衍患者："行哎行哎！退哎退哎！"另一头对学校讲："保留学籍！病好了再来"。只办休学，不办退学。这样，抑郁治好后还有复学的机会。

2. 被动退学：大学本科有两次休学机会。家长想，每 2 年患者就可休一次学，还怕毕不了业？别高兴得太早，有可能患者大一就发病，休学一年，一年后重上大一，如果不到 1 年又发病，再次休学，下次复学，还是上大一，两次休学机会就这样用完了。患者目前又因抑郁不能上学，只能退学了，家长不能以自己的抗压能力来揣度患者的抗压能力，患者重性抑郁发作后，抗压能力为零，一应激就服药过量或跳楼，与留一条命比，退学的损失还算是小的。

3. 退学后不后悔："忙里忙外一场，最后还是退学，早知还不如不上这个学呢！"不能这样说，你努力过了，失败了也不遗憾；如果没努力过，又怎么知道自己不行？

4. 去社会办学机构：如果已休学或退学，患者想去社会办学机构学这学那，家长不要盲目支持，因为学费较高（例如，报一个日语班2万元），患者坚持学习能力又差，还是鼓励患者先自学一阵，拖一拖，再做决定。

七、出国留学怎么样

1. 普通高中上不下来就读国际高中怎么样？国际高中是国内读3～4年，再出国读4年大学。这里最关键的是出国读4年，每个患者出国时情绪都稳定，关键是在出国以后，进入全新的环境，语言生疏、人际生疏、交通生疏，这对正常人都是一个不小的压力，对患过抑郁症的患者来说，则更难应对。这个世界上哪有学习压力小、教学水平高、名声又好的学校？

2. 闹着要出国留学，留学中途又闹着要回家怎么办？双相障碍患者往往是先轻躁狂/躁狂，跟家长闹着要留学，留学后发现困难重重，抑郁发作，又闹着要回国。家长想到出国花了一大笔钱，总不能无果而终，于是不同意回国，患者就在国外愤而自杀。例如，一位双相障碍女性，自己学了2年日语，一定要去日本留学，认为日本大学比中国好考。去了日本，无法坚持学习，连起床、刷牙都困难。打电话跟妈妈讲，想回来，妈妈婉拒，患者就说"来生再见"，真得去跳地铁轨道自杀，被压断双腿，抢救后双小腿截肢，被妈妈接回。

所以，双相障碍患者跟家长闹着要留学，家长应想方设法阻拦、设置经济和办理程序上的障碍、拖延，同时积极治疗轻躁狂/躁狂。真的挡不住出国了，就无法控制其服药，只能听天由命。当抑郁加重时，国内带去的几种药物根本不够调节，国外的药品种类虽然丰富，但患者不能轻易得到。抑郁重到撑不住时，患者想回来，家长应以患者的性命与花出去的钱相权衡，命重要就让她回来，钱重要就不让她回来。

第四节　家人对抗抑郁治疗的了解

一、出现哪些症状需要去精神科看病

出现下列一种症状，就要去精神科看病，排除是否有抑郁症。

1. 累：不熬夜，睡好睡足，起床还是累。

2. 厌：在班上学习成绩并不差，却日益厌烦功课。

3. 自贬：学习成绩不错，却认为自己学得一塌糊涂。

二、就诊费越高，真的水平越高吗

国内有高价精神科门诊，看过一两次就知道，他们到底比当地医生高明在哪里。有些家长想，就算高明不到哪里去，我花钱也是对得起孩子，心里踏实。等觉得高价门诊就这么回事了，再回到当地医院就诊。这种花大价钱看门诊，与其说是为了给孩子看病，不如说是给家长自己买个心安。

三、抗抑郁治疗只能改善抑郁情绪，不能改变想法吗

有患者家属问："抗抑郁治疗只能改善抑郁情绪，不能改变想法吗？"这要看是什么想法，对七七四十九这样的算术想法当然不会改变，因为这是自然科学，属冷认知，与情感无关；对自己能力的评价，属热认知，与情感有关，情感变了，热认知也随之改变。例如，情感低落时觉得自己什么都不行，什么都干不好，抗抑郁药改善了情感低落，自我低估的评价也会相应改善。同样，情感高涨时觉得自己什么都行，什么都能干好，做事虎头蛇尾，抗躁狂药改善情感高涨，自我高估的评价也会相应改善。

四、不肯服药

1. 哄骗：混合性抑郁比纯抑郁对服药更不合作，纯抑郁只相信服药不会有效，对服药持消极态度，不主动服药，但不会强行拒药。混合性抑郁因有主见，脾气大，会强行拒药。这时你可顺着她的烦恼说，她特别恐惧人多的地方，你就说吃了这药就不怕了；她喊“头疼”，你就说吃了这药就不头疼了；她喊“睡不好”，你就说吃了这药就能睡好了；她怕“肥胖”，你就说这药是减肥的。这不是骗人吗？是，目的是要她吃药。

2. 折扣：按理说，执行医嘱不应打折扣。可是，患者固执地认为：“吃药对身体不好，不能这样长期吃下去”，暂时又无法说服，只有退而求其次，用最少量的主药解决最急需解决的问题。例如，“夜里四点睡，食欲不振”，只用喹硫平（启维）50 mg/晚，其他药物尚不迫切，故不急着用，等患者又有什么新症状时，再适量添加其他药物，患者较易接受。

3. 减量：按理说，执行医嘱不能减量。但比起不用药，减量还是损失较小的一种方法。

4. 等待：有时，患者觉得自己没病，或觉得药物无效，坚决拒药，哄也不听，折扣也不行。家长不要慌，那就暂停几天药。等患者感到不服药更糟糕时，又能接受服药。有时患者不肯服药，是因为药物有某种副作用（如手抖、肥胖、瞌睡、静坐不能），这时可请医生调整药量和种类，解决患者不适，患者就能继续服药。总之，患者拒药是阶段性的，后面的变数很大，因为情绪易变，所以决定也跟着会变，不要在短时间内强制患者“一定要服”，这样会把事情搞僵。

5. 暗服：在患者易激惹期间，可暗服德巴金口服液起始量 15 ml，一日 1 次，相当于德巴金片剂 600 mg/d。或用利培酮口服液起始量 1 ml，一日 1 次，相当于片剂 1 mg。即使不能规则服用，也比不服用为好。当暗服利培酮口服液剂量较大时，会出现运动副作用，这时可加苯海索 2 mg/早，2 mg/晚，苯海索是片剂，不易暗服。这时，你别跟患者说，这是我给你暗服利培酮口服液的副作用。你可以倒打一耙，把药物副作用说成是他自己的原因。例如，看到他“脖子扭来扭去”，就讲：“哪学来的坏习惯，像个女人，吃点药控制控制”。看到他腿抖，就说：“抖什么抖？古人说要坐如钟，你一点都不稳重，吃点药改善改善”。看到他表情呆板、瞬目减少、动作迟钝，就说：“怎么越来越呆了，吃点药让你活跃一些”。就这样，苯海索2 mg/早，2 mg/晚，名正言顺地让他服下去。

五、精神药物治疗过程中的几个困惑

1. 春天抑郁或躁狂不稳，需要预防性加药吗？中国有句古语，“春捂秋冻”。“春捂”就是由冬到春，越来越热，感到热了才脱一件衣服，再热再脱一件，而不是预计要热了，先减衣服；“秋冻”就是由秋到冬，越来越冷，感受到冷了才加一件衣服，再冷就再加一件，而不是预计要冷了，先加衣服。这是被动适应的思想。同样，春天抑郁或躁狂不稳，要等相应苗头出现，再调整相应药物，而不是预防性加药。除非是往年的发作十分有规律，例如，每到3月中旬就抑郁，每次都是A药加量治好的，既然如此，那3月中旬就加A药。同理，月经前、更年期易感抑郁，也是等症状出现再用药，而不是预防性用药。除非原先有抑郁(或躁狂)史，怀孕后药量减至最低水平，产后复发概率很高，且来势凶猛，即使产后尚未出现症状，也应预防性加药。

2. 停药后发病的快慢：停药后发病快，例如，偶尔漏服一顿药，脾气就变大。这说明病情对药物的依赖性很强，病情提醒家长不让患者漏服药。停药后过一段时间才发病。例如，停药一个月后才复发。说明病情对药量的依赖性不很强，这让家长心存侥幸。“既然漏服几顿药问题不大，那就停药试试”。天长日久，病情反而不稳。

3. 能少吃药就尽量少吃：在能控制症状的背景下，能少吃药就尽量少吃，这话是对的。如果症状还没控制住，就强调能少吃药就尽量少吃，就没道理。例如，入睡困难还未控制住，放着唑吡坦不吃，硬抗失眠，那就没道理。有些患者服用喹硫平600 mg/d，症状已经缓解，我会问，当喹硫平逐渐增量时，到多大剂量时，症状就像600 mg/d一样缓解了？如果患者回答是“300 mg/d”，则说明多余的 300 mg 没必要用，可逐渐减至 300 mg/d。

4. 服精神药物可剧烈运动吗？运动对抑郁有益，证据是：在运动后，1/3 的抑郁症患者抑郁症状改善了 1/3。但前提是：患者愿意运动，有运动能力，运动中无不适。患者不愿意运动，你强求，他就更不高兴了；患者精力不足，没运动能力，你强求他运动，势必精疲力竭。运动中出现不适，例如呼吸困难、心慌心悸，应及时中止，因为有些精神药物对心脏有抑制作用（阿米替林可致室内传导阻滞，碳酸锂可致窦性心动过缓），硬性坚持可能导致心源性脑缺血发作。至于哪项运动好，则以他的兴趣、意愿为主，运动项目也可变化，越具有娱乐性质，越容易坚持长久。

5. 情绪太过平稳了怎么办？焦虑、恐怖、抑郁是情绪过于敏感所致，所以我们用选择性 5-羟色胺（5-HT）回收抑制剂（帕罗西汀、艾司西酞普兰、舍曲林、氟西汀、西酞普兰、氟伏沙明）提高 5-HT 传导，通过迟钝情感，缓解焦虑、恐怖、抑郁，但当迟钝情感过了头，患者就会主诉“情绪太过平稳”，说明剂量用大了，应该减量，如果减量后，还是“情绪太过平稳”，则进一步减量，减量后，如果焦虑、恐怖、抑郁再次抬头，说明药量不够，应在现剂量与上次减量前剂量之间选一个点增量。同样，碳酸锂治疗躁狂也是如此，当患者主诉“情绪太过平稳”时，应适当减量。

6. 为什么一种药在一个时段不能吃，到另一个时段又要吃？因为不同时间的病症不一样，需要治疗的症状也不一样。例如，当时的背景是“总想买东西，想法变化快”，那是躁狂，停艾司西酞普兰是对的；现在的症状是“没什么开心，一天很难过，总要人陪”，用艾司西酞普兰也是对的。

7. 早上不吃早餐就不能服药吗？碳酸锂、丙戊酸钠等精神药物对胃壁有一定刺激性，空腹服用刺激性大，易引起胃部不适、恶心副作用，故推荐饭后服用，这样，药物接触胃壁的机会就少一些。但是，如果患者早晨习惯性不吃早饭，这碳酸锂和丙戊酸钠是不是就坚决不能早晨空腹服用呢？这要看早晨空腹服用碳酸锂和丙戊酸钠带来的胃部不适、恶心副作用，与白天带来的疗效，哪一个更大？胃部不适、恶心副作用更大，就早晨空腹不服用碳酸锂和丙戊酸钠；白天带来的疗效更大，则早晨空腹也要服用碳酸锂和丙戊酸钠。

8. 抑郁波动也不要动药，让孩子自己调节吗？不对，抑郁出现波动，就是失代偿，既然是失代偿，就要及时强化药物治疗。当然，有的波动是一过性的，没等你调整药物，她就好了。例如，女儿打电话时大哭，说没考好，要退学，等你开车赶到学校时，她已经好了，没事了，这种情况下，可以再等等看；也可以强化药物治疗。何时再等等呢？已用的药物种类足够多（例如两种心境稳定剂、两种不典型抗精神病药、一种抗抑郁药），再加药物种类就嫌杂；已用的药量足够大，再加药量，副作用（例如困倦）就不易承受，此时只有再等等。那何时强化药物治疗呢？已用的药物种类较少，还有增加药物种类空间；已用的药量不够大，还有增量空间。

六、家人每次对医生换新药都有些忐忑

有的家人对医生每次换新药都有些忐忑，问得比较多，因为他们焦虑。不焦虑的人就会医生说什么，自己就做什么，不再审查，因为自己是小白，审也白审。医生是专业人员，说的话应当是有专业依据的，既然相信该医生，就把决定权交给他。焦虑的人是把医生当“参谋长”，自己当“司令”，医生的话只是建议书，自己要审核其风险，然后再决定实行与否。自己当“司令”，持最后决定权的坏处是：

（1）多花咨询费；

（2）多花时间查文献，自己似懂非懂，一知半解；

（3）见到网上和药物说明书上提到一些严重的副作用，就不敢用药，要求医生换一种较安全的药物，医生解释无效后只有换一种。往往医生的第一选择是疗效比较好，而不是风险比较高的，第二选择就次之，第三选择再次之。你越是担心用药风险，医生的选择就越往后移，治疗顺利的概率就越低。假如水浒中施恩跟武松讲，你这次去打蒋门神，不要用刀棒，也不要用拳，只能靠脚踢，打赢了才更显你武功强大。那恐怕，武松是

打不过蒋门神的。

那我不当“司令”，医生就说得全对吗？都听医生的，疾病就笃定能治好吗？这不敢说。医生治疗是道高一尺，疾病是魔高一丈，医生只能在他已知医学范围内，对特定病种，在特定严重度背景下，用药控制或治愈疾病。不然，怎么会有“医生只能治你的病，不能救你的命”的说法呢？

医生也是一般人，或许智力还不如你，但毕竟受过系统的专业训练，有一些临床经验，在看病方面比你强一些吧。医生会按照通行治疗规则用药。家属可能会问：你能保证他用药是最佳选择吗？我不保证，我只能说，在通常情况下，他是根据通行规则，加上自己的用药习惯，对你的孩子做出判断和治疗；家属又问：你能保证他的用药都有效或无严重副作用吗？我也不保证，有可能用药后病情反而加重，或出现什么严重副作用，但随着药物的不断调整，大概率是越来越接近最佳方案的。家属可能说：你什么都不保证，我不当司令，谁对我家孩子负责呢？但我有一点能保证，那就是医生的医疗素质比你强，你作为不懂的人，靠着网上的道听途说和药物说明书上的那点知识去节制医生用药，是外行领导内行，违背了“将能而君不御者胜”的原则。

那我如果不信任这个医生呢？那好办，再找一位你信任的医生，不跟你不信任的医生纠缠，以免浪费时间和费用。

有家属问，“其实我是信任医生的，对用药顾虑，问清楚也算焦虑吗？”那就要看你问的次数了，问一两次不算，层出不穷地问才算。

七、你吃的保健品真的有效吗

有抑郁症患者在服精神药物抗抑郁期间，加用保健品，发现学习效果提升，入睡变早、变快。这些效果是精神药物的效果，还是疾病自发缓解，还是保健品的效果？如果不是保健品的效果，那保健品就白吃了。

首先，你回忆一下，服保健品与出现这些效果之间有无时间上的联系，如果在服保健品之前就有这些效果，当然就不考虑是保健品的效果；如果服保健品 1～2 天内就出现效果，是保健品效果的概率就很大，而精神药物起效或抑郁自发缓解恰好就在这个节点上的概率很小；如果服保健品 1～2 周内才出现效果，也可能是保健品的效果，但概率就小一些。

其次，要想检验保健品是否有效果，就停保健品 1 周，看这些效果是否消失。如果消失，大概率是保健品的效果，再恢复吃保健品，恢复后这些效果再现，则肯定是保健品的效果；如果停保健品后，效果不消退，说明不是保健品的效果，保健品无需再吃。

你可能会问，万一停保健品后，效果消失，再用保健品，原来的效果不恢复怎么办？大概率不会发生，因为保健品的效力较弱，不是抗抑郁的主要力量，所以停用 1 周就变难治的概率较小。

八、住封闭病房不利于康复吗

有患者家属担心，住封闭病房不利于抑郁康复，这种担心是多余的。医院不是监狱，除了需要服药、非工作人员不能带出病区门，需要按时睡、按时起以外，其他就像夏令营一样，可以下棋打牌，而且，绝大部分病友都是安静、友好的。

第五节 抑郁症患者的家人如何自我调整

一、青少年抑郁症的母亲陪伴的滋味

13～19 岁这个年龄段叫青少年，青少年抑郁症的母亲陪伴患者是什么滋味？你以为是陪旅游啊！这可是侍候让人难以理解的患者，一点都不好玩。

1. 看病难：青少年抑郁症发作时，母亲想带患者去医院看病，患者拒绝去（往往见于混合性抑郁），母亲只有代替他去看病，代诊能不能达成目的，变数很大。传统观念是：“（医生）不见（初诊）患者不开药”。故许多医生写完病历后，处理意见是：“带患者来诊”。一粒药也不肯开。这让代诊

者很失望，挂号费损失了不说，时间也损失了，“医生，不是我不想带患者来，是患者不肯来！”医生答：“那就不是我的事了。不见患者不开药，开了药出事怎么办?”堵得你一句话也说不出来。当然，也有医生在代诊情况下做出诊断和开药，该药有效与否，则是后一步的事了。至少这趟医院没白跑，取了药，就取回了希望。现有“好大夫”“好心情”等网上就医，无需面诊就可代咨询了。不过，也不能笃定，有的咨询回复是让你去他那里面诊，等于是白咨询了。

2. 做地下工作：混合性抑郁和躁狂经常是高兴就服药，不高兴就不服，药递到手里也不服，甚至扔掉。尽管精神卫生法禁止给患者暗服药，但母亲为了给孩子治病，不得不给患者暗服药。单次制备暗服药还算容易，但天天制备暗服药就是一个负担了，有点像做地下工作，偷偷摸摸的。好在患者多是一段时间不肯服药，过一段时间执拗缓解或痛苦情绪加重，又肯服药了，故从地下又转到地上。

3. 急则惊悚：患者发脾气时砸手机、砸电脑，毕竟只是财产损失，你可以念“阿弥陀佛”假装镇静，但服药自杀、跳楼自杀，你就没工夫假装镇静，得打120，就算你再困倦，再不情愿，也得陪患者上医院。如果服药过量，洗胃及时，观察几天就能出院，陪床的负担还轻，如果是跳楼导致多处骨折呢，需做几次手术才能完成治疗，巨额费用和连轴转的陪床，使你精疲力尽。说实话，你还不敢怪他半句，你怪他，他再来一下子，不由你不怕。

4. 慢则煎熬：看着青少年抑郁症患者玩游戏、看视频，不读书、不做功课，手脚健全，就是不上学。一天两天能忍，时间长了，怎么忍法？假如各种药物轮番上了无效，还是那么吃了睡，睡了吃，家长难免有火气。你火气一尺，他火气一丈，轻则吼叫、砸东西，重则服药自杀、跳楼自杀。所以让你有火都不敢发。

5. 想陪伴都难：在家陪伴很容易；在外地上大学陪伴就难，辞职去陪？代价太大了，间歇去看看，又怕他顶不住抑郁。实在不行，只有休学1年，回家养病；在国外留学怎么陪？想去都去不了。

6. 希望-失望的循环：抑郁是间歇性、反复发作性疾病，发作时卧床不起，半页书也看不了，生活对他来说，就像是背了30千克大米一样沉重，且家人不知道患者何时才能缓解，假如各种药物轮番用过无效，不由家人对他不失望："就不要指望娃了，她要钱就给点花花，就让她这样过吧，吃吃喝喝，开开心心就行了"。可是，咸鱼还有翻身的时候，有可能什么药都没换，抑郁就自发缓解了，又能正常学习、考大学、考研了，让你重新燃起希望：可以在患者家属群里分享经验了，给那些尚未好的孩子母亲们打气。不过不要高兴得太早，后面不知什么时候，可能再次陷入抑郁发作。

二、老是这样，何时是个头啊

1. 治不好病就只能认命：大事曰命，小事曰令，命是指人力不能扭转的事情，令是指人力能扭转的事情。论语上讲："伯牛病了，孔子去探望他，从窗户外面握着他的手说：'失去这个人，是命里注定的吧！'"治不好的病，就只有认命；如果能治好，那就是令。人类的力量是有限的，何况个人的力量？许多欲望不能实现，不认命就只有干焦虑，既不能成功，又徒增损失。认命就是虽不甘心，但承认现状，避免无谓的努力。

2. 有些患者的妈妈也开始服抗抑郁药了，即使家族里没有抑郁或双相病史。孩子患抑郁后，母亲也急成了抑郁。有研究发现，家族内的抑郁不但表现相似，而且服抗抑郁药的有效品种也相似，即孩子用什么药效果好，母亲用什么药效果也倾向好。母亲可参照孩子效果好的药物服用。不要横向参照，A母亲服艾司西酞普兰效果好，B母亲、C母亲也来服艾司西酞普兰，疗效的变数就大了，因为她们来自不同家族，对药物的反应自然不同。那么，母亲用某种抗抑郁药效果好，能不能推荐给孩子呢？也可以，但孩子反应好的概率就下降了，因为抑郁或双相障碍发病的年龄越小，病情就越严重，越难治，预后就越差。母亲发病年龄较大，35岁以上，病情较轻，较好治，预后较好。一种药物治疗较轻的病有效，再去治较重的病，胜算就下降了。

3. 为什么孩子的爸爸很淡定：孩子的爸爸没妈妈那么焦虑，爸爸说"你想再多也没用，只是自己烦恼"。这是因为孩子的爸爸与患者保持了一定的心理距离；心理距离适中，看问题才较全面。而孩子妈妈与患者的心理距离过近，距离越近，看问题就越局限，看不周全。譬如40层的百货大楼，用一整面墙，布置千百盏霓虹灯，以针点的方式，拼成“百货大楼”四个大字，你走到大楼下，只看到灯火辉煌，却看不清是什么字，而退到1千米～2千米外再看这面墙，就清晰可见“百货大楼”四个字了。

4. 不要把子女的前途看成自己的全部：母亲把子女的前途看成自己的全部，一旦子女患抑郁症或双相障碍长期不愈，则所有希望都破灭，彻底绝望。实际上，一个人除了子女，还应有自我存在的价值。一位女性跟我说，“女人存在的价值不就是生育吗？”我不以为然。如果是这样，那女人与雌性动物还有什么区别？女人和男人一样，应该有自身的社会价值追求，生养孩子只是你人生使命中的一部分，假使不生育，你将有更多的精力实现社会价值；假使生育，你将要分出一部分精力去培养孩子，假使孩子患了抑郁症或双相障碍，你将会分出更多的精力去陪伴孩子，但不是全部。

或许你会说，不是每个女人都能追求到社会价值，大部分女人不都是平庸过来的吗？是的，追求不到社会价值，还可以追求精神颐养吧，比如“我女儿把我磨死了，我去学绘画、学书法，让自己情绪放松一些”。追求不到精神颐养，可以追求经济改善吧，比如“我除了工作之外，通过做导游，赚些导游费”。追求不到经济改善，可以追求社交快乐吧，比如“我经常与谈得来的人聊天、聚会。”“我在群里经常与同病的家长互诉衷肠，相互安慰”。这样，除了子女生病给你带来的沮丧，还能看到外面的阳光。

相反，假如你为孩子付出了全部，心中必有期待，这个期待没达成，对孩子必有抱怨：“我为他操碎了心”，有抱怨又怎能静心陪伴？不能静心陪伴又怎能与孩子的关系协调？不能与孩子的关系协调，又怎能让孩子与你同心治病呢？所以，你把宝都压在孩子前途上，不但没了自己，也羁绊了孩子。既对不起自己，也对不起孩子。

5. 不要把子女看成你腰带上的钥匙：随着子女的成长，他是一个独立的个体，有他自己的思想、价值观、世界观、人生观，大概率不会按照你设定的路径走下去，你越强迫他走，他越是抵抗，结果是两头伤心。不如你有你的奔头，他有他的奔头。当他需要帮助时，你就搭把手，他需要大力帮助的，你就倾力相助，他不需要你帮助的时候，就各忙各的。这样，你也轻松，他也高兴。

6. 有家属问："孩子患双相障碍和高功能孤独症，想再生一个，不知道下一个孩子会不会也有同样问题?"。父母两系三代无精神病遗传史，你能找出该患者的神经发育不良因素，例如：怀孕期有过风疹感染、早产、难产、产伤史，下一胎又能有效避免这些因素，或许能逃过再患双相障碍、高功能孤独症的可能性。反之，同病率就较高。

三、比较才能比出希望和优越感

对反复发作的双相障碍和抑郁症患者，越来越多的父母通过学习，选择"理解和陪伴"，你将你家患者与正常的同龄人比，越比越伤心，越比越绝望。你将你家患者与同类患者或其他严重内科疾病患者比，心理才会平衡。

1. 与患同病的人比：母亲将子女的现况跟病前比，发现永远回不到病前，故绝望。将子女与患同病的患者比，有患者比自己子女恢复得好，这是我家子女的希望啊！有患者跟我家子女的情况一样，这是找到知音啦！有患者比自己子女恢复得差，这还找到了优越感。

2. 与患其他严重内科疾病的患者比：比起严重内科疾病的患者（白血病、癌症），我家子女还算是幸运的，至少还能活着，尽管活得很不好。

四、看得远，就容易释然

1. 谁都不满足：每个人的实际成就都小于他的期待成就，所以，每个人都是不满足的。之所以跟人说："我很知足"，那是根据当前情况，已将自己内心期望降了好几级，达成一个新的平衡。虽然每个人都对自己的现状不满足，但情感反应的强弱及持续时间是不一样的。有的人情感反应弱，持续时间短，较快降低内心期望，与现实达成新的平衡，心理痛苦就少。有的人则情感反应强，持续时间长，迟迟不肯降低内心期望，与现实难以达成新的平衡，心理痛苦就多。

2. 放入时间长河：人的寿命平均70～80岁，如果把这70～80年用录像录下来，压缩成1秒钟放完，那就是“站起来—倒下去”的过程。如果将7 000～8 000年人类演化史用录像录下来，100秒就放完，那就是“站起来—倒下去”的快速重复。

3. 放入宇宙空间：你乘飞机升空后，看到地上的人迅速变小；当你从月亮看地球时，地球不过是一个蓝色的球，连人影子都看不到，所以人在宇宙中是很渺小的。

4. 放入化学反应：如果把生命化学化，那人活着主要是依赖于氧化过程，要不停地吸入氧气，呼出二氧化碳。因氧化而成长，因氧化而有活力，因氧化而衰老，因衰老而死亡。这就是“我们每呼吸一次，就会变老一点”的原因。所以，呼吸维持了生存，也促进了死亡。那有什么方法长生不老呢？不氧化就不老，但不氧化人就不能存活。有人说，“现在一些癌症不能治疗，可将这些患者速冻起来，等将来有治疗方法了，再解冻治疗”，那速冻就中止了氧化过程，人就等于没有存活。不存活的时间不论多长，人都不会变老。一旦解冻活过来，氧化的秒表又开始启动，人又在走向死亡。

你的命运再差，人家的命运再好，都逃不过人生太短暂、太渺小、太化学化的三大魔咒，命运差与命运好又能差多少？

第四章

抑郁症患者怎样自我护理

第一节　抑郁症患者要学会面对的那些事

一、怎样面对抑郁疾病

中、重度抑郁主要靠药物治疗，认知疗法只起辅助作用。有病友问："我虽然患有双相障碍，但我对佛法特别感兴趣，我不想吃任何药，我要认真修习佛法。通过佛经的道理使我逐步康复，使病由心灭，行不行？"我不同意这种看法。佛教对弟子开示的四种供养是，"饮食、衣服、卧具、汤药"。其中汤药就是药物。和尚患病，照样要到医院治疗。不是所有的病都是病由心生，病由心灭的。双相障碍的病因是遗传、早年脑损伤导致神经发育不良，或者神经老化引起的，这三者都不是心理欲望所生，不能通过佛经的道理去除。

1. 面对自己的消极态度：抑郁像一面滤镜，能让你选择性注意不顺心的事情："我这辈子没一次选择是对的，结果都是失败。"这时，你应逐条罗列自己此生的成绩，就会发现，并不像你讲的那么没价值。每个人都有自己的不幸，都有失败，如果你总是纠缠在不幸和失败上，意识流就趋于停滞，警醒度就会下降，就无精力再去争取后面的成功。

2. 面对患病：有患者问："我为什么要得病？以后没对象、没工作的！"

这话说得没道理，这病又不是你去百货公司买来的，也不是你朋友送给你的，是你的基因或神经发育不良造成的，到时候就表达出来了。病来了，由不得你喜欢不喜欢，都得面对和治疗，即使不能完全治好，也得接受事实。不接受事实，就会进一步恶化抑郁。

3. 面对疾病的限制：自己患双相障碍或抑郁症，应接受由此带来的职业限制（不宜做夜班工作）、生活节律限制（不能熬夜）、志向限制（不宜独自在国外留学）、饮食限制（不使用烟酒茶咖啡，包括可乐、红牛、奶茶之类的饮料）。为什么不能饮酒？因为饮酒当时增加氯硝西泮样的镇静效应，事后降低氯硝西泮的疗效（再用氯硝西泮的效果就差），酒精当时促进躁狂，事后引发抑郁，增加自杀率。

4. 面对不同预后：抑郁有的恢复得好，有的恢复得差。常人可能归结为运气。其实不是运气，神经发育不良重，就难恢复；神经发育不良轻，就易恢复。就像两辆同品牌的汽车，外观一样，但跑起来，可能一辆故障率高，另一辆故障率低。外行的买家来说，只能碰运气，实际上故障率高的那台发动机质量就比故障率低的差。

5. 面对自杀：抑郁的空虚和绝望能推动患者去自杀，理性知道不对，但感性推着自己去这么做。你知道这是不正常的，去看精神科医生就可以了。碳酸锂和丙戊酸钠能削弱推动自杀的感性，抗抑郁治疗改善空虚和绝望。

6. 面对指责：抑郁由于精力不足，完成学业或应对日常生活都很吃力，一拖再拖，哪有余力再帮助别人？家人可能指责患者是“自我主义，自我中心”。但你自己心里应明白，一个人能量不足时，一定是先照顾自己的。能量足，才能顾及别人。婴儿、重病卧床者、老人，都是照顾自己不暇的群体。

二、面对社交挫折

1. 回避社交：患者因害怕社交遭拒而回避社交。试想，如无宿怨，人家凭什么上来就拒绝你？果真如此，则过在彼，不在你。你虽难堪一时，下次不招惹他就是了。实际情况是，你只要迈开第一步，去参加社交互动，你就会发现，社交互动不像你想得那么难，那么尴尬，多数人还是友好的，社交互动还是愉快的。社交互动愉快又有什么意义呢？一是社交话题使你的意识窗联想不断更新，意识流就流动起来，就能维持警醒度在正常水平；二是社交话题使意识窗中不断进入新的联想，可排挤既往不愉快的记忆。相反，闭门不出，拒绝社交，意识窗联想流动就变慢，趋于停滞，警醒度就下降，人就昏昏欲睡，既往不愉快的记忆就停在意识窗内不走，使你陷入不良情绪中。你看许多人到了退休年龄不愿意回家，想赖在单位多干两年，大多数不是为了钱，而是为了不离开这个社交圈。

2. 面对靠不住的朋友：朋友只是你一段时间的同路人，没有永远不散的朋友。有的人心理不成熟，想找一个朋友作为自己的靠山，总觉得自己看准了人，不惜感情投资，什么隐私都跟对方讲，但后来发现，这个朋友靠不住，于是大失所望，态度一百八十度大转弯。其实你想想，朋友又不是你编制的程序，凭什么一定要按你的希望走下去？如果你遇到一个朋友，叫他做什么，他就做什么，从无异议，这种人才没有主见，不能干大事。

3. 面对别人讲你不好："自己说自己好没用，要别人说你好才是真好"。带着这一信念，你去努力，就会发现，不管你怎么努力，也做不到大家都讲你好，总有一部分人讲你不好，即使以前讲你好的人，现在也未必讲你好，现在讲你好的人，也不能保证将来也讲你好。这就动摇了你试图让"大家都讲你好"的信心。

(1) 利益决定评价：任凭你怎样努力，都不可能做到大家都讲你好。试想，大家把你围成一圈，你无论向哪部分人鞠躬，屁股都会朝向另一部分人，所以，你不可能同时侍候好每一个人。别人对你的评价，是与他所处的位置有关的，位置决定利益，利益决定立场，立场决定态度，态度决定评价。

(2) 观念决定评价：你崇尚学术，不关心商贸，那以赚钱多为成功标准的人就会鄙视你(他们会说："只有没事干的人才会读书")；你崇尚商贸，不关心学术，那以学问水平高为成功标准的人就会鄙视你(他们会说：

“他穷的除了钱，什么都没有了”）；你崇尚仁义，对社会多施少取，那崇尚赚钱的人就会鄙视你（他们会说：“有钱不赚傻瓜蛋哪”）。

（3）说你好，你也未必要当真：你的恋人、情人、父母说你好，那是因为感情太深，经常夸得名不副实；你的晚辈、下级说你好，是想逗你开心；有求于你的人说你好，是想托你办事。对他们的评价当真，就会上当。

（4）但也不能完全无视别人的评价：如果拒听别人评价，“走自己的路，让人说去吧”，则易走到大众的对立面，易被孤立。尽管有时真理是掌握在少数人手里，但如果不看风向，顶风行船，则消耗太大，且未必能撑到目的地。在书报上，我们会看到一些企业家最初创业时，亲友个个反对，但他坚持到最后，还是成功了，这毕竟不是大概率。自己做一个重大决定，亲友个个不看好的，遇到困难的概率还是高的，失败的概率也是高的，而这种失败，通常不会登在书报上。

4. 面对老师的责罚：你犯了错误，老师责罚（包括责骂、让你写检查），你感到痛心，痛心促使你改正错误，这就达到了目的。如果面对老师责罚，你一点也不在乎，也不改正错误，这才是不可教。如果痛心过头，心情沉重到无力上学、无心做功课、无颜见同学，害怕进学校，这种情况持续 14 天以上，就叫抑郁症了；或者但求一死，以摆脱这种耻辱，即使不到 14 天，也是抑郁症，应赶快去看精神科医生。

三、面对学习挫折

1. 学校恐怖：学校是中性的，学生本不会害怕学校，只有在学校中受过挫折，例如休学过，复学要跟下一个班，害怕与同学处不来，才对学校产生害怕。越临近开学，这种害怕越严重，此时可服阿普唑仑 0.4 mg/早，0.4 mg/晚。实际上，往往复学第一天，同学们在一起一哄，以后就再也不提害怕的事了。这种害怕就跟童年时打针一样，针头没打进去以前害怕，真正打进去了，反而不害怕了。如果进校时害怕，可在进校前半小时临时加服阿普唑仑 0.4 mg，适应几天后，就不用再服了。

2. 上课思睡：上课思睡大致有三种原因，一种是抑郁导致思睡，第二种是前一晚失眠或晚睡导致思睡，第三种是精神药物（例如喹硫平）导致思睡，思睡导致听课断续，逻辑链断了，上下关联就断了，下面的课就听不懂了。这时需找医生调药。

3. 不能拼：抑郁症缓解后，应在你脑力能承受的范围内用脑，例如，保证每天 8 小时睡眠，保证有序的、轻中度的、积极的紧张状态，才不易诱发抑郁。用脑超出你脑力承受的范围（例如，熬夜和太拼），就易诱发抑郁。例如，一位双相抑郁女患者休学一年，14 天前恢复上高一，能好好写作业，每天只睡 5 小时，看同学做题做得好，她心就发慌。这样拼下去，不出 2 个月，就可能再次抑郁而休学。

4. 上学难熬：当抑郁症患者上学难熬时，应看精神科医生，抗抑郁顺利的话，1～2 周见效，不顺利则更久。在起效前能上学就上，不能上就短期请假（每次休 3～5 天），不行再续，为什么不痛痛快快地休上 2 周呢？因为你不知道抑郁哪天突然就好了，就能去上学了，如果抑郁不见好，不断请假，持续达一个月以上，那这学期就无望再跟了，才决定休学。

5. 考试考不过：在 9 年义务制教育背景下，每个人都有学上，都要经过考试。不过，只要跟着老师的思路学，按照老师提供的思路考，孬好都能考个及格，这就逐步形成了一个惯性思维：考试就应当能及格。到了社会上应聘考试，本来就是为了差额而设置，是否能考及格，事先就毫无把握。不要说，“别人能考过，我为什么考不过？我又不比他们差！”话是这么说，但每个人平时关心的知识面不同，就连看报纸、看手机头条都有选择，天长日久，就形成了不同的知识结构，而任何考试都不可能测试全面。所以，你这张卷子考得好，他那张卷子考得好，是很自然的事情。硬性计较，就是跟自己过不去。

四、面对其他社会应激

1. 面对前途选择：你要计算一下，什么路能走得通，什么路走不通。走不通的路，哪怕再好，也要断然放弃。否则，事情没做成，还白费了精力，耽误了时间。抑郁症或双相障碍患者因为神经灵活性下降，会即使做不成，也在那里干耗着。例如，学化学有很多不会，给他请老师补课不同意，让他不选这门课也不同意，怎么都不行。对能走得通的几条路，要选一条性价比较高的路走。实在没挑的，姑且沿着当前的路走下去。

2. 面对特殊时期：抑郁在月经前易加重，在生产后、更年期易发作，尤其是生产后易发作。所以，产前应主动联系精神科医生，咨询产后是否要预防性加药。

3. 面对家人老、病、死的悲哀：一些抑郁症患者没法承受家人渐渐老去的现实，害怕将来面对亲人的病危或死亡。例如，一位 40 多岁的知识女性说，后面都是父母身体一天天的不好，都是坏消息一个个地传来，所以感到无望。其实人都会死的，每个成人都会经历家人死亡这个过程，都会伤心，但都会成为过去。抑郁症患者的抗压能力减退，不能承受这种伤心，这种伤心成为过去的时间过长。不要片面理解成是对家人的感情过深，而应理解成她的神经灵活性减退，不能适应事物的变化。碳酸锂或丙戊酸钠抑制情感反应的强度和长度，改善神经灵活性减退。

五、手淫习惯

1. 手淫的好处：当性欲强烈，又无配偶可用时，如不手淫，会增加紧张感，影响入睡。通过手淫射精，缓解紧张感，利于安然入睡。

2. 手淫的坏处：手淫要通过脑的性兴奋才能射精，通过射精达到性乐高潮，而性乐高潮后会有疲劳感，这种疲劳感促进入睡。如果天天手淫，就会过度疲劳，影响白天的上学、上班。也有人本来就有抑郁基础，手淫后脑能量更加耗竭，短时间加重抑郁。

3. 手淫不是品质问题：手淫不是坏习惯，不是品质问题，更不是犯罪，它能暂时缓解亢奋的性欲，没有好与不好之分，也没有正当与不正当之分。

4. 手淫的频度：手淫的前提是性欲强，难以忍受，通过手淫暂时缓解性欲，一周不宜超过一次，如果手淫过频，精力消耗过多，会头晕目眩、疲乏无力。这就弊大于利，划不来了。

5. 戒手淫：有人因手淫而短时间抑郁加重，或手淫过频而过度疲劳，发誓要戒手淫。实无必要，这等于是倒洗澡水时，把洗澡水里的孩子也一并倒出去了。

6. 不要用手淫来测试勃起能力：在自然色情刺激下，迷走神经兴奋，阴茎勃起。焦虑患者担心自己不能勃起，反复用手淫来测试自己能否勃起。单纯手刺激，又缺乏相应色情想象，迷走神经未必能兴奋，所以未必能勃起，患者见不能勃起就更加焦虑，不断测试，结果因疲劳而真的不能勃起。故反对这样做。

六、面对恋爱

部分女性患者明确表示，以后不会结婚生子，觉得婚姻很恶心，孩子很麻烦。这是抑郁残留的意志减退在起作用，这种观念很难改善，也缺乏有力的治疗。只能人各有志，不能强勉了。但大部分抑郁症患者还是有结婚生子愿望的。

1. 恋爱早期：对自己的“双相障碍或抑郁症”，不到急需帮助时不说！在恋爱早期，未跟对象同居，不生活在一起，没必要提自己患病、服药的事，以免节外生枝。

2. 恋爱后期：已与对象同居，生活细节很容易暴露给对方，你每晚服药，对象问你服什么药，你怎么回答？你总不能说“这是我的事，不要你管！”你说是“维生素”，能骗几天？你报出药名，对象再没文化，上网一查，就知道该药是治什么病的。“为什么要服这种药，你给我解释清楚！”你怎么解释？避重就轻，说我曾经情绪不好，现在治好了，怕复发，还在维持服药。对象问，你是什么病？你说，医生就讲我是情绪不好，没讲是什么病。

你说，我可以躲着对象服药啊！比如，我把药物放在车上的盒子里，每晚开车回家，在车上服完药再出来。这倒也可以。但你如需服安眠药呢？刚到家就服安眠药，是不是睡得太早了呢？你说我可以在睡前洗浴时服药，这种地下工作你准备做到哪一天？毕竟，同居的是你喜欢的人，这样偷偷摸摸背着同居者服药，要是被发现，总是不诚实吧。不如用三十六计的第十一计：李代桃僵。以温和的理由（情绪不好维持服药）替代吓人的理由（服药治疗双相障碍或抑郁症）。

七、面对失恋

1. 感情对称，双方合拍：感情这种东西，本身就不稳定，一段时间他需要你，追求你，你也需要他，两人一拍即合；过一段时间他不需要你了，你也不需要他了，两人一拍两散。

2. 感情不对称，用情的一方输：恋爱中就怕是他不需要你了，你还需要他，他把你看成是吃不完的肯德基，往垃圾箱里一倒，拍拍手，擦擦嘴，扬长而去，而你在垃圾箱里生气："他骗了我的感情，玩弄了我"。试想，如果你对他从有感觉到没感觉了，是不是也把他看成吃不完的肯德基，往垃圾箱里一倒呢？你会在意他的伤心和发狂吗？你可能会说，我不喜欢的，没感觉的，就没耐心侍候。所以，当爱情出现不对称时，用情的一方输。

3. 感情不对称，背情的一方赢：你对他从有感觉到没感觉，会毅然地抛弃他，这算不算骗了他的感情？算不算玩弄了他？你会振振有词："我之前喜欢他的，现在不喜欢了，难道要我永远照顾一个我不喜欢的人的情绪吗？"换个位置，他也是这样想的。所以，当爱情出现不对称时，背情的那一方赢。

4. 换个角度想想：如果你被对象甩了，但你对他依然用情很深，设法去补救、认错、托人说清，都不管用，送去的礼物被退回，人不照面，手机被拉黑。这时你想想，当你看不上的人向你求爱时，你是什么态度？"不考虑！完全不考虑！"你对你看不上的人心软过吗？没有。那现在人家对你也是这个态度。

5. 思念—沮丧的循环：在失恋期间，你会经常思念她或他的好处、曾经的温情，可是她或他现在的决绝态度，又使你感到沮丧。思念—沮丧的持续时间取决于：① 你爱她的深度；② 你后来找到新的爱人比他好还是比他差；③ 你平时生活和工作的充实度；④ 神经的灵活性。

八、面对生育

1. 遗传:双相障碍的遗传率比重性抑郁症高,35 岁以前起病的遗传率比 35 岁以后的高。

2. 怀孕:孕期因为抑郁、焦虑而服用 C 类妊娠药物,是利大于弊的。什么叫 C 类妊娠药物?就是既没找到对胎儿致畸的证据,也没找到对胎儿不致畸的证据。如果坚持不服药,任由抑郁、焦虑发作,吃不下,睡不着,疏于孕期护理,对宝宝损害更大。我们只能在当时特定认知条件下,选择对宝宝风险小的一种精神药物。

怀孕时雌激素和孕激素都升高,雌激素拟 5-羟色胺(相当于艾司西酞普兰),稳定情绪,抗抑郁;雌激素抗多巴胺 D_2 受体(相当于奋乃静),抗精神病;孕激素拟 γ-氨基丁酸(相当于氯硝西泮),镇静抗焦虑,孕激素激活单胺氧化酶,降低 5-羟色胺、去甲肾上腺素、多巴胺能,促发或恶化抑郁。所以,怀孕是否改善抑郁症,取决于雌激素和孕激素的综合结果,这在怀孕早期还不突出,所以怀孕早期情绪平稳的较多,到怀孕中、晚期,部分患者会发作抑郁,称为妊娠抑郁(或产前抑郁)。

许多怀孕女性挺着大肚子,一边走,一边嗑瓜子,一边说笑,开心得很。但对有抑郁史的患者来说,我们总要往抑郁恶化的方面多考虑一些,做好预防措施,不敢停药,至于能否减药,则根据患者当时的情绪状态而定,不要勉强,不要认为我减一点药,胎儿就安全一点。因为勉强减药,抑郁复发,吃不下、睡不着,将更大程度地影响胎儿发育。抑郁复发后,懒得定期产检,不能及时发现妊娠过程中的隐患,损失将更大。

3. 抑郁症减药备孕:有患者问:"什么季节减药比较安全?"答:假如你是每年冬季和开春易发抑郁的话,则夏季减药安全一些。问:"我准备带药怀孕,减药到多少剂量开始备孕?"答:抗抑郁药除了帕罗西汀,可以带药怀孕。如果因为病情不可减的话,就维持原量,不要勉强减。问:"目前病情稳定,能不能减药?"答:取决于上次控制抑郁容易与否,控制得越容易(说明易治),减药越放心;控制得越难(说明难治),减药越小心。问:

"减药后多久怀孕?"答:减药 2 周后就可怀孕,不要等上 3 个月半年,毕竟减药是暴露于复发风险之中,时间越短越好。

九、面对哺乳

在哺乳期间,除了对服用氯氮平、碳酸锂、氯硝西泮、阿米替林有顾虑外,服用其他常用的精神药物均可哺乳,遇到婴儿出现副作用,例如思睡、溢奶,再减药不迟。母乳喂养不仅是维持婴儿生存,而且能免于婴儿头半年内生病,这是任何奶粉都替代不了的。

第二节　抑郁症患者的自我调整

一、精神层面的调整

(一)梦想不与能力死磕

梦想有两个作用,一是让自己开心一下;二是指引自己努力的方向。当梦想与自己的实际能力差距过大时,梦想就止于开心的功能:如果不顾自己的实际能力去追求,不仅达不到目的,还徒增烦恼。一位抑郁症患者说:"我有崇高的梦想,但懒得去努力,又不接受自己的普通。"这就是梦想与现实能力死磕。大部分年轻人在踏入社会前都会有梦想,但踏入社会后发现不能实现,也就放弃了梦想,屈就现实。虽然俗,但易生存。随着人的成熟,知道什么能追求,什么不能。

1. 被迫挑一个烂苹果:现实社会往往会狠狠扇你的梦想一个耳光,扔下一个烂苹果,就是你不满意的工作岗位,爱干不干,没人关心你悲不悲伤。你只能拾起这个烂苹果,干了再说。

2. 不跟不同类的人比:凭什么我的同学能考研、找到好工作,而我不能呢? 如不分析因果,真能气死人。但你知道自己患了抑郁症或双相障碍,已经力不从心,就不会再跟他们比了。

3. 只跟同类的人比：我患了抑郁症，就跟同类的抑郁症病友比。我参加过一次张进组织的渡过营，有病友告诉我，他参加过几次渡过营，之前来参加渡过营的病友，后来听说有的已自杀了，比一比，至少自己还没走到这一步吧。应该说，自杀留下残疾（例如跳楼后截瘫）比自杀死亡的人幸运，自杀未留下残疾（例如服药过量后抢救过来）比留下残疾的人幸运，整天躺在家里比自杀未遂的人幸运，能吃喝玩乐的比整天躺在家里的轻一些，能做一份“普通工作”比什么都不能做的好一些，能做好工作比能做普通工作的好一些。不过，一切都是可变的，或许，做厂长的明天就因抑郁自杀了，那还不如只能做普通工作的幸存者。所以，生活质量的排名就像是班级考试排名一样，是动态的。自己在这个动态排名中，力争名次靠前一些。

（二）量力而行

想做成一件事，先规划好需投入的精力、体力、时间、经费、做成的概率，再决定是做还是不做。抑郁残留期情感低落已缓解，欲望已恢复，但精力和体力并未恢复，这时有心无力，可能是启动难，也可能是启动后半途而废。如果总是半途而废，家长就会对你失去信心。例如，患者说复学就去复学，复学没几天又要退学；退学后又愁没文凭，找不到好工作；让她先学驾照科目一，看了三天就不看了；说要弹古筝，弹了一天就不弹了。尽管这些半途而废的闹剧是抑郁残留症状所致，但事先知道“有心无力”，至少可避免一些无谓的尝试。

有些双相障碍患者高考成绩不理想，坚决要复读，不肯上专科学校。不给复读就发脾气，与父母很难达成一致，因为：① 父母对他成绩的评价与患者自己的评价不一致；② 父母从之前的疾病发作，已意识到抑郁症对他日后学业的影响，而患者自己却没有充分意识到；③ 父母认为应对患者的身体负责，而患者却认为父母不关心他的前途，在人生重大选择上敷衍了事。

我想对双相障碍患者说的是：

1. 回顾一下你平时的学习水平、学习状态、考试成绩，评价一下这次高考是发挥正常还是发挥失常？如果是发挥失常，复读还有些价值；如果是发挥正常，则下次高考可能还是这个水平，甚至还不如这一次。

2. 抑郁不会因为高考结束就放过你，还会反复发作，既往让你怎么学不进去，将来还会再现，你不能用目前的缓解状态去预测未来。

3. 一个人情绪高时能高估自己今后的能力；低时会低估自己今后的能力。而双相障碍患者就是在情绪过高与过低之间摆动。假如眼下是情绪高的阶段，你会高估自己今后的能力，坚持要复读；假如眼下是情绪低的阶段，你会低估自己今后的能力，担心连专科都读不下来。假如你担心情绪会影响你的自我评价能力，可听听亲朋好友的建议，他们的态度是中性的。

（三）如何心理平衡往日的优秀与如今的现状

许多抑郁症患者病前很优秀，病后因精力和体力不支，导致学习或工作上的没落。如何才能心理平衡？健康时就按健康时的标准要求自己，生病后就按生病后的标准要求自己。要能富得起，也能穷得起，富裕时就按富裕的收入消费，贫穷时就按贫穷的收入消费，这就是韧性。在清朝覆灭后，一位清朝王爷为了生活，一度去街边摆摊谋生。比起我们抑郁症患者的病前成绩好与病后成绩差、病前工作能力强与病后工作能力差，哪个落差更大呢？

（四）为什么我满脑子都是不愉快的记忆

情感就像是背景色，不同的背景色诱导不同的情感性回忆。

1. 抑郁引起不愉快的回忆：当抑郁发作时，对不愉快事件的回忆清晰，对愉快的事件回忆模糊或完全不记得。这就导致脑中全是不愉快的回忆，而愉快的回忆销声匿迹了（忘了），从而自我评价降低（“我此生没有一件事情是做得对的，结果都是失败”）、心绪不良（感到不愉快、不幸福）。所以，抑郁导致心绪不良，持续的心绪不良就是轻性抑郁。例如患者说，他上初中后上课听不懂，名次靠后。事实上，第一次期末数学考试就考了满分(全班就 2 个人考满分),全班都发出惊讶的声音,他说记不得了。患者说,他初中的名次从来没进过前 100 名。事实上,初二期末考试他考全年级 99 名,进步了 30 多名,可他说记不得了。而艾司西酞普兰就是选择性抑制不愉快回忆的,适合治疗抑郁引起的心绪不良。

2. 躁狂引起愉快的回忆:当躁狂发作时,对愉快事件的回忆清晰,对不愉快事件的回忆模糊或完全记不得;甚至还能把想象的愉快事件当成真发生过的愉快事件(潜隐记忆)。例如,患者说,他记得三岁时被抱入皇宫,至今还记得皇宫里灯火辉煌的样子。

情感对记忆的影响,就像是昼夜对视觉的影响一样。白天,光线明亮,我们能看清山川草木,却看不见月亮、星辰;到了夜晚,光线昏暗,我们看不清山川草木,却能清楚看见月亮、星辰。

(五) 平时有抗压经验,抑郁后为何不再有同样的抗压能力

即使过去有了成功的抗压经验,现在抑郁发作,遇到同样压力,照样可不知所措,因为自我评价降低,自信心下降,意志(克服困难的心理过程)减退了。例如,一位干了 7～8 年的小学教师,抑郁发作后,就怕开学,一想到开学要上课,就压力山大。如果过去有了成功的抗压经验,现在又处于抑郁缓解期,当然就不再害怕,因为自我评价正常,自信心正常,意志力正常。

(六) 闲居适应不意味着进入社会也能适应

抑郁缓解后,会在家闲居一段时间,然后再进入社会,在家闲居期间能适应,不意味着进入社会也能适应。可是患者在家闲居期间,有时会高估自己解决社会问题的能力,把自己引入困境。例如,闹着要出国、去外地的进修班学习,去后才知困难重重,焦虑、抑郁再现。所以,抑郁缓解后,要出国、去外地的进修班学习,应多听长辈劝,充分考虑到届时的困难和抑郁复发的可能性。

(七) 网上的情感交流

抑郁症患者在现实中找不到知己,就会去网上找知己。通过表达抑郁体验,交流疗效,得到其他抑郁患者的帮助或帮助其他抑郁患者,这是

积极的一面。可是，也有消极的一面，包括：

1. 划手显摆：抑郁症患者（很可能是混合性抑郁）划手后，将血滴入水盆里，录下视频，传到网上，配文是："希望你们喜欢"。划手似乎成了很酷、很时髦的事情。

2. "嗑药"相约：抑郁症患者之间，相互诱导"嗑药"（药物滥用），通过药物滥用，追求特殊的意识状态，此时大家连麦聊天、文字聊天、网上游戏。

这都是不利于抑郁恢复的一面，应予避免。

二、生活层面的调整

（一）饮食的调整

抑郁症患者一日三餐都想在外面吃或点外卖，因为他们味觉迟钝，一般人能吃的，他们觉得不够味，故翻着花样点外卖，吃重口味食物。因为脑能量不足，故倾向选择高糖、高脂类食物；因为脑能量不足，故倾向懒动多睡，导致肥胖。为了治疗双相抑郁，常会用到一些引发贪食的精神药物（如奥氮平或丙戊酸钠），导致肥胖。如果在吃高糖、高脂类食物之前，先啃一根玉米（玉米吸收很慢，不易发胖），再喝一大杯水，把胃填个半饱，或许能减少高糖、高脂类食物的摄入量。

（二）睡眠的调整

抑郁症患者应强调规则而有节度的睡眠。规则是每天按时睡，按时起，抑郁急性期因为疲倦，所以睡得早（例如，晚上 7～8 点就上床入睡）；抑郁慢性期因为白天睡得多，晚上睡不着，倾向迟睡，往往搞到下半夜才睡，有节度的睡眠是指睡眠量不能太多，也不能太少。长期睡眠过多或过少都恶化抑郁（尽管短期睡眠剥夺能一过性改善抑郁）；当然，改善睡眠过多或过少，主要是靠药物调整，与患者的主观努力关系不大。

闭目入睡后，能影响睡着的因素有：

（1）担心睡不着：担心会增加警醒度，反而会真的引起睡不着。

(2) 什么也不想:闭目后,想着眼前一片雾,冒出什么念头,用一层雾来遮盖,再冒出什么念头,再用一层雾来遮盖。理论上讲,思维空白,意识流停转,警醒度下降,能诱导入睡。

(3) 自由联想:如果做不到什么都不想,那就随其所想,想到哪算哪。但不为解决问题而想。因为为解决问题而想,势必要逻辑清晰,要逻辑清晰,警醒度就得提高,警醒度提高,就难以入眠;也不能想不愉快的事情。因为一旦陷入情感不愉快,警醒度就会提高,难以入眠。

(三) 玩游戏的利弊

抑郁症患者常在三种情况下玩游戏。一种是睡前玩游戏,等困了再睡,可玩游戏加速了联想在意识窗内的流动,所以越玩越清醒,耽误了入睡时间;第二种是在读不进书时玩游戏,算是一种休息,可玩游戏增加脑耗能,越玩越累,达不到休息的目的;第三种是无所事事,通过玩游戏打发时间,以免困倦或想不愉快的事。

(四) 其他方面的调整

1. 便秘:一部分双相抑郁症患者不吃蔬菜,不运动,常便秘,可多吃香蕉、麻油、蜂蜜,利于排便。

2. 运动:抑郁是懒动的,此时靠强撑运动也不现实,主要靠药物调整,但自己只要稍有运动能力,就应出门走走,哪怕在小区内走几圈也行,这能:① 改善心情;② 抑制进一步肥胖;③ 改善晚上睡眠。

3. 音乐:催眠性音乐对抑郁有镇静作用,舒缓性音乐对抑郁的悲哀有转移注意作用,悲伤的音乐能强化抑郁情绪;强劲的、激动人心的音乐能强化情感高涨。这些都是对有乐感的人群而言,对没乐感的人群,任何音乐都是噪音。

三、抑郁隐私的自我保护

(一) 抑郁会被人歧视吗

1. 被嘲笑:仅凭抑郁症或双相障碍的疾病名称,不会被嘲笑,因为人们对精神疾病的名称半懂不懂，倒会对你产生恐惧，生怕你对他有什么伤害；或生怕说你一句什么，你就自伤、自杀，让他来担责，所以会远离你，怕惹你。如果人们嘲笑你有什么症状，恰好说明他们没把你当患者。例如，抑郁症患者伴发人格解体，听不清别人说话，单位人戏称她是“小晕子”。这恰好说明人家没把她当患者，如果真的知道她有精神病，还敢这样说吗？

2. 被歧视：你受到的待遇是你作为的结果，不是疾病名称的结果。你可能会说，疾病名称不就伴有相应的作为吗？不完全是，每个人疾病的严重性不同，治疗的及时性不同，治疗的对症性不同，所以作为的差异还是很大的。

（二）抑郁的私密性

1. 掩饰：你患了抑郁症和双相障碍，除了承受情感痛苦，还不能随便对人说。如果在公众场合下你忍不住哭出来，别人会围上来问你原因，你就说“没事，没事，就是想起以前不愉快的事了”，千万别说：“我有抑郁症”。复学后同学问你，为什么比她们年龄大？你就说：“身体不好，休了一年学”。同学问：“是什么病休的学啊？”你笑答：“以后再告诉你”。问：“前几天为什么没来上学”。答：“身体不舒服。”问：“怎么不舒服啊？”你笑答：“以后再告诉你”。就这样，既回答礼貌，又保护了隐私。

2. 隐私：每次去应聘，会被问身体健康吗？你就答健康，即使将来被发现有躁狂、抑郁，就说是情绪不稳定，身体是健康的。有的患者担心单位发现自己有病后，说自己不诚实。这是自己的隐私，又不损害别人，有什么诚不诚实的？就像你屁股上有一块胎记，说出来就诚实，不说出来就不诚实啦？

考研面试时，要不要说抑郁症的事？建议不说。一位医学本科生，因抑郁发作，休学 2 年在家，好不容易考上医学心理学研究生，一问经历，因抑郁休学 2 年，立即被刷掉。这就是现实。

社会对抑郁症的不歧视，是承认这是一种精神疾病，准予休假，药费报销,这就已经够人性化了。但在学业竞技场上,要的是你能按时拿满学分,完成科研任务,你说你有抑郁症,那去医院治疗和回家休息就是了。这话让你抓不着任何辫子。

一些成功人士主动曝光自己有抑郁症,非但无损于他的光环,反而强化了他的光环。尽管患了抑郁症,还能这么成功,这对普通人是有励志作用的。而你作为一名普通人,在校需要被赏识,而不是被照顾,复试时坦言自己有抑郁症,是自投险境。

3. 暴露:当抑郁症急性发作和自杀风险很高时,需要休息和住院治疗就成了当务之急,抑郁症诊断成了请假或休学的理由,此时就没法瞒下去了。

第三节 “全”或“无”的性格特征

“全”或“无”性格特征是指要么不做,要做就做最好,即要么是 0 分,要么是 100 分,不做 1～99 分。现实事物有黑、灰、白三个地带,“全”或“无”性格特征者是只选白或黑,不选灰色地带。全白固然好,可需要超人的努力,能达到的概率很低;全黑倒是无需努力,完全放弃就是了,而灰色地带是既无需过度努力,也不是完全放弃,多数人都在这一地带混着。“全”或“无”的性格特征虽有优点,但缺点更多。

一、对学习的利弊

(一)优点

有“全”或“无”性格特征的患者,强烈的情感促使他做完美,这就导致:

1. 集中全力去拼:抱着必须做成的心态,一旦认定就全力以赴,他们的胜算比一般人大,可看作是优秀品质。

2. 责任心强：这种人稳重，不浮躁，你交代的事他要么不承诺，承诺了就尽力去做，做不好，他比你还难过，这种人在做事方面很讨领导喜欢。

3. 专才：这种人事前判断不能成功的，就果断放弃，省去不必要的精力浪费，所以他们不会什么都懂，只会成为专才。

（二）缺点

1. 无乐趣：这种人对事前判断不能成功的事情，就果断放弃，这样，许多乐趣就被他挡在外。像陈景润一样，对自己的专业很懂，对非自己的专业一点也不懂。

2. 易感焦虑抑郁：在学校，要么考第一，要么就放弃不学，这能做到吗？学校允许你对哪门功课放弃不学吗？预期拿不到第一，他们就很焦虑，事实拿不到第一，他们就很抑郁。这个问题往往在学龄早期尚不突出，越到后期越突出，因为越到后期，能拿到第一的把握越小。

3. 不灵活：复习应考，一般人如能揣度，就只复习要考的，不复习不考的。而“全”或“无”性格的人拒绝揣度，不讨巧，从头到尾都要复习一遍。艺考生的文化课明明只讲2/3，但她非要全学完，否则就不放心，导致对艺考专业课的精力分配不足，最终考不好。

4. 丧失时机：做事总要有几分把握再做，成功概率才增加。可是，如果每次都等到把握很大时才做，就会丧失时机。高考固然是有些把握才去考的，但如果等到十分有把握再去考，则可能丧失高考时机。一位艺考女生，感到自己高考没把握，已经放弃了两年高考，现想再准备两年（准备舞蹈1年、准备文化课1年），才去参考。其实两年后，估计她还会因没准备好而继续往后拖，最终一事无成。

二、社会适应能力减退

1. 驻足不前：这种人性格僵硬，会处处碰壁。在考学方面，要么考最好的学校，要么就不去上；在社交方面，要交就交刎颈之交，要么就不搭理；在消费方面，要么就吃最好的馆子，要么就饿着；要么住最好的宾馆，要么就睡马路；在工作方面，要干就干最称心的工作，要么就不干；在婚姻方面，要找就找心中完美的对象，要么就终身不娶（或不嫁）；在比赛方面，要么拿第一，要么就不参赛。这样不肯屈就，会使他在每一方面驻足不前，放弃许多“次等”机会。最终，比才能相当而能屈就者落后许多。

2. 从极好到极恶：对领导开始是理想化，崇拜，唯命是从；天长日久，发现领导也有缺点，搞权术。于是觉得领导辜负自己，开始与领导对立。对朋友，开始充满善意，甚至阿谀、讨好，什么都给，什么都告诉，很容易得到对方的善意回馈。但过一段时间，发现朋友对他的善意回馈不及时，于是做出相反的姿态，由最好变成最不好，故交友不如常人稳定。如果你遇到这种有“全”或“无”性格特征的人，即使他对你过度热情和信任，也要小心，与他保持社交距离，以免将来走向反面。

3. 完胜或完败：项羽就有“全”或“无”的性格特征，彼救赵（河北邢台平乡县）时，破釜沉舟，持三日粮，示士卒必死，无生还之心，不是战胜，就是战死。这一次，“全”或“无”的性格救了他，因为这一举动鼓舞了士气；后来项羽被刘邦打败，他是有机会逃回江东重振旗鼓的，自以为无颜见江东父老，于是在安徽和县乌江边自刎，这一次，“全”或“无”的性格害了他，因为他接受不了战败。相反，刘邦是能打就打，打不赢就逃，逃走后重振旗鼓再来打，总是在“全”和“无”之间选择生机，最终打败了项羽，统一了天下。可见，有“全”或“无”性格特征的人，上天可能眷顾他一次，但不可能次次眷顾他。

三、生活适应能力减退

1. 不会享受：人的生活习惯，应与他的经济状况相适配，富有富的过法，穷有穷的过法，这才能适当利用资源。如果你已经富裕了，还守着贫穷时的生活习惯，这固然是保持勤俭节约的好传统，可是，当你守着很多钞票，不愿改善你的生活时，你就是枕着钞票睡觉的穷人。

2. 引发代沟：“全”或“无”性格的人会将节俭信念理想化，不仅自己握着钞票坐困，而且也看不惯子女的消费。子女按收入消费，“全”或“无”性格的人会嫌他们奢侈；子女将不需要的家具、老旧坏的电器扔掉，“全”或“无”性格的人会把它们捡回来。

3. 管控子女：这种人对子女管控，也是两个极端。要么放任自流，是“无”在起作用；要么全方位管制，控制子女的爱好，一切要按他的规划行事，这是“全”在起作用。不管是“全”还是“无”，子女都不领情。

4. 养生：这种人听说健康在于运动，就认为运动是越多越好，你走6 000步？我走20 000步！结果走出了横纹肌溶解，肾功能衰竭；听说健康在于多吃素，少吃荤，于是就只吃素，不吃荤，导致营养搭配不良；听说健康要保证睡眠，于是就认为睡眠是越多越好，结果因运动过少而引起肥胖。

5. 卫生：我们洗澡时，总希望把身上的脏都搓干净，但实际上做不到，因为有些脏是体内的代谢物，你只要活着，这些代谢物就会不断产生。所以这种脏永远是搓不完的，搓过头就搓破皮，引起皮肤感染。有“全”和“无”性格的人心想，要么就洗干净，要么就不洗，这样，洗一次澡的时间比一般人长得多，付出的代价也比一般人大得多。鉴于代价太大，所以他们就懒得天天洗，这样，他们还不如天天冲凉的人干净。

6. 名誉：这种人觉得名誉是越多越好。名片上写满各种社会头衔！其实社会头衔越多，越难沉下心来做事，是不会大有作为的。

7. 财富：你财富越多，来自外在的风险就越大，打你主意的人就越多。所以，巨富并不幸福，其风险比常人大得多。钱足敷用，稍有积余即可。

有“全”或“无”性格特征的人思维僵化，一成不变。他们认为，事物是直线发展的，要么是越多越好，要么是越少越好，不接受事物发展的抛物线性规律，即开始是越多越好，但超过一定的值，就越多越糟。

四、易感精神疾病

（一）强迫症

1. 强迫性疑虑：有“全”和“无”性格特征的人追求完美，当觉得做得不完美时，就要反复做。例如，想问题时，别人一打岔，就重新想，否则觉得不完美。

2. 强迫性回忆:这种人追求品行完美,担心之前的品行不完美,想通过回忆来检查,自己是否有过品行不完美的地方。例如,我这学期有没有借人家钱没还?上学期有没有?再上学期呢?如此强迫自己去回忆。

3. 强迫性清洁行为:这种人追求清洁完美,担心受到污染,故反复洗涤。例如,一位妇女买来一只刚杀好的鸡,感觉不干净,反复洗,最后觉得洗不干净,干脆把鸡扔了。

4. 强迫性秩序:这种人做事追求程序上的完美,不能打乱其固定顺序。例如,怎么拿衣服,怎么穿衣服,都有固定顺序,别人一打岔,就要重来。反映其神经过程的不灵活性。

5. 强迫性对称:这种人追求物体摆放整齐、对称,否则就感到不舒服。例如,家里的鞋摆整齐、书摆整齐。食堂的桌子总与他无关吧?去食堂吃饭,见食堂里桌子摆放得不整齐,也要将之一一摆放整齐,否则心里就不舒服。

(二)神经性厌食

有"全"或"无"性格特征的人做事追求完美,并将这种完美指标化,为了达到该指标而不惜任何牺牲。例如,神经性厌食症的少女嫌自己太胖,要减肥,于是给自己订下减重指标,通过苛刻地节食和剧烈锻炼,短期内瘦了下来,但她不满足,希望再接再厉,再瘦 10 斤,等真的再瘦了 10 斤,她又订再瘦 8 斤的计划,把减体重的斤数作为成功的指标,不惜搭上营养不良、躯体疾病,甚至危及生命,这就是"全"在起作用。有的患者实在饿不过,开始吃了一块肉,就觉得减肥计划不完美了,既然不完美,不如放纵一把,于是就痛痛快快地大吃一顿,这就是"无"在起作用,厌食症期间间歇性暴食,就是这个道理。

(三)抑郁

"全"或"无"性格的人总想自己是最优秀的,看到别人做得比自己好,就羡慕、难受,否定自己,从而抑郁。一位混合性抑郁症患者说:"没人理解我，我是为了目标而活，既然目标不能实现，不如早死早止损。”

（四）易感超价观念

超价观念是对一些有价值的事情评价过高，为了追求它，当事人付出再大代价也觉得值。

1. 自责超价观念：常人对自己过去的遗憾都会感到难过，但这种难过是限制在一定强度和一定持续时间之内的。可是，有“全”和“无”性格的人由于追求完美，对过去遗憾的难过强度和持续时间加倍，导致病理性内疚和自责超价观念。例如，强迫患者一次考试不及格，难过地打了自己十几个耳光。

2. 疑病超价观念：普通人也会重视自己的躯体不适，去医院检查，排除严重躯体疾病。可是，“全”和“无”性格的人为保证自己绝对不生大病，会做得很过分。对轻微躯体症状就大张旗鼓地彻底检查，一家三甲医院查了没问题，还要到另一家三甲医院复查。例如，酒后腹痛，解黏液便，担心患肠癌，做肠镜，结果正常；两个月后大便带血丝，再做肠镜，结果正常；又过了1个半月，大便出血，第三次做肠镜，结果正常，每次做肠镜花800元，均自费，患者自己也觉得过分，心知至多是痔疮。但患者的心理是：“宁可过分，也不能漏诊重大躯体疾病，这是对自己的负责”。

3. 体像超价观念：普通人对自己长相不好看也会感到遗憾，也可能去整容。但普通人对自己的长相不好看与整容医生的看法一致，也就是说，双方均认可患者长相的瑕疵。可是，有“全”和“无”性格特征的人追求体像的完美，不像普通人从总体上看是否长得匀称，而是将自己的脸分成无数小宫格，仔细观察每个小宫格，挑毛病，这样总能挑出毛病来。而整容医生从总体观察，与患者的观察角度不同，得出的结论也就不同，患者认为有瑕疵，整容医生却看不出来，这样，患者就很难满意医生的整容结果。

4. 只顾一头的超价观念：“全”或“无”性格特征的人往往只顾他认为重要的一方面，而忽视同样重要甚至更重要的另一方面，导致重大损失。《庄子·盗跖》中讲了一个故事，尾生与女子约定在桥梁下相会，久候女子不至，水涨，尾生抱桥柱而死。这就是只看到诚信的重要，而忽视了生命更重要。

庄家设置的赌博方式，一定是让散客赢少输多的。但赌博障碍的散客只看重赢的可能性，而忽视输的风险性。于是屡赌屡输，屡输屡赌。

5. 超价观念的成因：超价观念的成因是强烈的情感，强烈情感导致对一些事情的评价过高，就像一盏聚光灯，聚焦照亮一个点，而对这个点以外的困难和风险视而不见。例如，一位女患者因患双相抑郁不能参加高考，现在 4 年过去了，听说她的同学在考研究生，她也要考研，妈妈劝她看清现实，她就打人，表示任何事情都不能改变她。

五、“不能改变世界就自杀”是高洁还是幼稚？

一位中学女生说，“她的梦想是改变世界，改变不了就自杀”。这就是“全”或“无”的性格特点。这种人不根据现实条件，去追求达不到的理想，追求不上就自暴自弃，极端方式就是想自杀。年轻人少不更事，想通过直播、视频，发表自己的看法而一举成名，影响世界。这怎么可能呢？

1. 什么是好的直播：你的直播内容有大家不懂、但又需要了解的知识吗？如有，则有实用性；你的直播内容是书本上找不到的吗？如有，则有原创性；你说话风趣诙谐，能常让人发笑吗？如有，则有幽默性；你讲的知识逻辑链清晰，深入浅出，能让人一听就懂吗？如有，则有清晰性。掂量一下，你能达到上面几条？

2. 你敢跟大家比吗？如果你连中学都学得踉踉跄跄，那怎么能让看直播的观众为你雀跃？袁隆平干了一生，才有了杂交水稻的业绩。还有王隆平、张隆平、李隆平也用功了一辈子，好不容易挤进教授、博导之列，他们也不敢跟袁隆平 PK 一下。你上了几年学，敢称“改变世界”？

3. 你比博导更高洁？这些博导、教授有没有通过直播来传播自己的观点，不能一概而论，但他们至少不会因自己的观点不被重视或被怼，就要自杀吧！你发表的观点不被重视或被怼，就要自杀，难道你比他们更高洁？

4. 成功需要漫长的积累期：格力空调老总董明珠 1954 年出生，1969 年她 15 岁，就是你这个年龄，应该是什么成就都没有，按照你“改变不了世界就自杀”的信条，她就不会活到今天。可是她知道，什么时候该蛰伏，什么时候该跳跃，什么时候该奔跑，最终成为著名企业家。

5. 高人和庸人，你选择哪一种？一个人别说是影响全世界了，终其一生，能在一个小领域里有所建树，小有名气，那就已经让人羡慕了。不成，能平庸安度一生，不死于战乱，无牢狱之灾，就算幸运了。不成，能挨到“去日儿童皆长大，昔年亲友半凋零”，运气也不算太差了。你看市中心晚上灯火辉煌，摩肩接踵，大部分都是最后一类人。你可能说，他们是庸人，能忍受平庸；我不是庸人，不能忍受平庸。那好，我现在就封你为“高人”。你现在就以第三者视角看问题，你觉得是摩肩接踵那类人开开心心地活着选择对，还是你不成功就自杀的选择对？

六、改变性格

在生活早年，人们就逐渐体验到，有准备的、尽力做事的就会成功，无准备的，不尽力做事的就会失败。经过几个回合，一部分人逐渐形成了“全”或“无”的性格。可是，后来的经历发现，“全”或“无”的性格也会给学习带来麻烦、减退社会适应性、增加精神疾病易感性。削弱“全”或“无”的性格特征，能减轻这些麻烦。削弱“全”或“无”的性格特征，应朝四个方面努力：

(1) 接受当下处境：放弃既定原则，以适应当下为原则。所谓“水无常形”，就是水的形状是根据容器的形状而定的。人适应环境要像水在容器里那样，随环境而变，“上善若水”，就是这个意思。

(2) 自我满足：对当下逆境安之若素，这不是木讷，而是修为，“难得糊涂”就是这个意思。并不是真的自我满足，而是让情感少受伤害；遇到简单的快乐，能爽朗地哈哈大笑，极为满足，这就是修为。

(3) 留有余力：日常学习和工作应该像走路一样，留有余力，才能持久；如果日常学习和工作像跑步一样，竭尽全力，就不能持久。

(4) 情感节度:对不仁的人或社会不良现象的厌恶应有度,从灵魂深处理解:“存在的就是合理的”。

总之,要削弱“全”或“无”的性格特征,就要让自己变木讷一些。

第五章

怎样发现躁狂症（双相障碍）

第一节　躁狂症有哪些表现

一、思维变快、自觉变聪明可能是一种病

躁狂症患者感到他的脑子反应很快："我的脑子转速达到极限，比光速还快，全世界科学家的脑子加在一起，也不如我的脑子快。"脑子反应快能叫病吗？能！因为这种快是益少害多，事后（但不总是）要用抑郁和脑子反应慢来赔偿。

（一）轻度思维变快

轻躁狂的思维联想速度变快。好处是：思维的拓展能力增强，辩论时反应快，常人不是他的对手；能在短时间内轻松写出较长的文章。坏处是：每个联想在意识窗内停留的时间过短，容不得深思，后一个联想就会把前一个联想挤出意识窗。说话或写作缺乏概括过程，故有些轻度赘述。

轻度赘述病例：一位躁狂女患者给医生写信道："12 点喂过奶后，约 12 点半入睡，睡着后无梦，未淌汗，不胀奶，自然醒时大约是下午 3 点半。喂完奶，然后吃了饭，下楼退了两个快递，退完后大约是 4 点半。之后上楼喂奶，喂完奶大约是五点，我爸下楼给我拿了两个快递，之后我就吃晚饭。大约 5 点半，我妈下班回来了（因我的手机最近被我爸、我妈没收了，喂奶的卧室里没有计时工具，因此我说的是大概的时间）”。

（二）中度思维变快

1. 说话不顾后果：正常人激烈争吵时，情况紧急，想什么就说，来不及在意识窗里清晰地过滤一遍，所谓“箭在弦上，不得不发”，因此经常会说漏嘴，骂人揭短过甚。躁狂患者易怒，与家人易激烈争吵，争吵时什么话都讲，易戳到家人的痛处。

2. 盲目乐观：躁狂患者自觉聪明，却比常人更易上当，因为：① 每个信息在脑中一闪而过，来不及思考；② 患者因情感高涨，只看到事物积极的一面，看不到事物消极的一面，事情还没办成，就沉浸在成功喜悦之中，忽视了相应的风险。

3. 说话不算数：由于联想过快，会随外界的刺激而不断转移注意，故他们做一件事坚持的时间较短，会因另一刺激的到来而转注下一件事。这样，他们就没法对自己的承诺负责。例如，讲好下午来医院看病，突然打电话来说，已经去外地出差了。

（三）重度思维变快

当联想速度快到每个联想在意识窗内闪过，来不及看清楚就飘过去了，叫作意念飘忽。患者形容为“思绪乱飞，无法抑制”，此时说话速度已赶不上联想速度，联想速度就像是激光打印机，一页接着一页地打印出来，刚读第一页的1～2句，第二页已打印出来，刚读第二页的1～2句，第三页又打印出来。因此，旁人觉得，患者说话前言不搭后语。此时要是写作，文章也无逻辑性。

（四）清晰度增强

躁狂时脑能量代谢增强，联想不但速度快，而且清晰性也增强，回忆比平时更清晰，识记能力也比平时增强。相反，抑郁时脑能量代谢减弱，联想不但速度慢，而且清晰性也减退，回忆比平时更模糊，识记能力也比平时减弱。

二、莫名开心也不正常

（一）“三感”

1. 开心感：是一种看什么都高兴、都开心的感觉，就像有人戳到她脑中的开心点一样，一直开心，却找不到开心的具体原因。患者说：“我一个人开心，同时又不开心”。开心是感性，不开心是理性，因为没什么值得开心的事情。相反，抑郁则是什么都不开心。

2. 充实感：以前觉得美的东西，现在看着更美；以前喜欢的东西，现在更着迷，喜欢养小动物，例如，狗、猫、兔；以前喜欢幻想，现在更沉湎其中。对未来有信心，觉得很充实，充实感由脑能量代谢增强所致。相反，抑郁的空虚感由脑能量代谢减弱所致。

3. 敞亮感：情感高涨患者感到自己像坐在彩色气球上一样，看世界是彩色的，觉得世界变明亮了，这不能归为视觉增强，视觉增强是色彩过于鲜明，以致感到刺激和不适感。她的明亮感是清晰感，没有不适感。相反，抑郁则是灰暗感、灰暗感导致不清晰感，即不真实感。

（二）粗犷感

1. 不细腻：当情感高涨时，自我主见的感性远高于理性，故对人和事高度情绪化，正常人可用自己的感受揣度别人的感受，尽管有时也会揣错，但毕竟是正常人对正常人，揣错的误差较小。情感高涨患者揣度正常人时，会以他（或她）的病理性兴奋状态揣度正常人，以为别人与他（或她）一样开心，一样大开大阖，故他的行为会让人吃不消。例如，妈妈睡觉时，女患者肆无忌惮地闯入，一屁股坐在妈妈腿上，肢体长时间与妈妈亲密接触，妈妈很厌烦，说了多次无效。

2. 常大笑：不好笑的事情，患者却笑得很开心。患者说，“别人说我爱说些废话，但我自己觉得很幽默，会开玩笑”。患者有时看到脑中滑稽的幻视，也会大笑，例如“3”字 360 度转一圈，消失了；接着出现“?”，又 360 度转一圈，消失了。患者觉得好笑而大笑。

（三）藐视

1. 藐视尊长：患者笑眯眯地说爸、妈是垃圾，给父母竖中指。平时畏惧的，现在不再畏惧。会指责、激怒别人，当众砸碎开水瓶。

2. 藐视困难：盲目乐观，导致在现实中受挫。例如，考前一点也不紧张，以为都懂了，结果考得很差。

3. 藐视风险：例如：女患者在十楼窗外由一间房间爬到另一间房间，问她为什么，说是“为了一个男人，玩玩可以吗?”又如，患者想赚钱，找网贷，结果没贷成，却被骗了 180 元。

4. 藐视礼貌：平时不讲脏话，躁狂后满嘴脏话，说这样可以减压。

5. 藐视责任：随口说谎，不觉得要对说谎负责。

相反，抑郁则夸大困难，被人欺负也不敢还手。“自家田里的禾苗被人锄掉，自己都不敢抬头看一眼”。

（四）乱花钱

正常人消费是量入为出，按需消费。病理性购物是量欲为出，即使收入很低，经济条件有限，仍大量花钱，买的不是急需的，而且买的数量过多。

1. 程度：一个月花多少钱就算花多了？① 超出生活预算；② 客观上看不算多，可事后患者自己觉得花多了；③ 持续借钱购物。

2. 原因：情感高涨是享受“购物过程”，而不是享受商品本身，少数患者甚至“每天想买东西，却不知道要买什么”。多数患者能找到买的理由：例如，喜欢、便宜、要用、有收藏价值，代家人买。“购买过程”才是病理性驱动力，不给买就“心里难受”，没钱买还“不如死了”；买完后才觉得“太浪费钱了”，心里也难受。

3. 乱花钱的后果：① 网贷：患者通过网贷而挥霍，无力还钱，又怕逼债，故催家人还钱；② 透支银行卡：患者透支银行卡挥霍，无力还钱，只能推给家人还钱，拖垮家庭经济；③ 借钱：患者向朋友借钱挥霍，无力还钱，让家人还钱。

相反，抑郁则过度小气，舍不得花钱，“连一条鱼也舍不得买”。

（五）感到时间快

1. 时间过得快：患者感到时间过得飞快，好像今天30岁，明天就40岁了，故很着急；坐车好像怎么都赶不上上班时间，会迟到。这与抑郁的度日如年恰好相反。看来，患者对时间的感受，与脑能量代谢速度有关，代谢速度快，就感到时间过得快，代谢速度慢，就感到时间过得慢。人格解体的脑代谢速度慢，简直感觉不到时间的存在。

2. 等不及：因为性急，遇事等不及，马上就要办完。例如，候诊等不及，快递下单后等不及，骑车等红灯等不及，谈对象领结婚证等不及。爱听快节奏音乐，听不了慢节奏音乐。

三、忙得不知疲倦也是病

躁狂发作时动力增强，精力旺盛，意识层的能量代谢增强，导致自我主见的感性远超过理性，会讲歪理。

1. 精力旺盛：患者忙得废寝忘食，睡眠需要量减少，到处打电话，疯狂加微信、网恋、视频、语音聊天，病态地、依赖性地与别人手机聊天，直至别人将之拉黑。走路有弹性，像小鸟一样轻松，“我是小鸟。我要飞、准备起飞”。

2. 讲歪理：① 只要自己厌恶的事情，就歪曲事实，丑化对方。说到自己不好的事，就说是父母教育的结果；② 观点偏激：言论过激，口无遮拦，越说越激动，大吼，掉眼泪、敲桌子、踢凳子。

相反，抑郁时动力减退，精力不足，即使自己有理，也不会为自己辩护。

四、躁狂伴发的精神症状

（一）知觉变鲜明

1. 视觉：有的女性患者每次发脾气后，看白色的东西都变成红色。相反，抑郁时看鲜艳的颜色变灰暗。这可能与脑能量代谢有关，代谢强，视物发红；代谢弱，视物发暗。

2. 听觉：当躁狂发作时，需要音量高才能激起“嗨”的情绪，故夜间听音乐、唱歌，音量都很大，干扰了邻居休息；躁狂愤怒时爱摔东西，摔出响声才解气，例如，摔酒瓶、摔瓷碗。相反，抑郁时怕听声音，家人正常打手机都嫌吵。

3. 味觉：有的患者发躁狂时，除了甜品，其他食品都觉得有腥味。相反，抑郁时，吃所有食物都像吃木屑一样无味。

（二）幻觉妄想

1. 幻听：情感高涨导致潜意识深层的自我评价膨胀，产生与夸大内容有关的幻听，如幻听说他是神仙。相反，情感低落导致潜意识深层的自我评价降低，产生与自我贬低有关的幻听，如幻听在咒骂他。

2. 夸大妄想：情感高涨导致潜意识浅层的自我评价膨胀，易产生能力夸大妄想，如认为自己是神仙。相反，情感低落导致潜意识浅层的自我评价过低，易产生罪恶妄想。如认为自己犯了重罪。

（三）易激惹

脑能量代谢升高引起脑内过于明亮，明亮导致心烦，对外界的不愉快刺激反应过强，表现易激惹。易激惹常见于躁狂，但对躁狂的诊断无特异性价值。躁狂的心里过度明亮，过去的记忆变得更清晰，当回忆起不愉快的内容时，会翻老账，与家人争吵。

（四）要发泄那股不愉快的劲

脑能量代谢升高会有一股不愉快的劲要发出来，发泄途径激烈的有：① 喊叫；② 砸东西；③ 用拳头捶沙发、捶墙；④ 每晚睡觉要撑劲，撑到筋骨舒展为止；⑤ 要加速跑。非激烈的有抑郁性漫游：例如，可连续在大雨中无目的的骑车 4 小时。

砸东西可与情感高涨相交替。一位患者说：“我醒后感觉想砸，就使劲砸，不到 10 分钟，感觉想笑，同时想唱歌、跳舞、身体每部分都要动，好像精力很充沛；这样砸——笑——砸——笑——砸——笑，3 个循环下来，共 45 分钟(平均每一过程是 7 分钟多一点)。砸的过程有几次短晕”，提示砸东西时比情感高涨更接近于保护性抑制，更意识模糊。

（五）性功能增强

1. 性欲亢进：当脑能量代谢亢进时，可引起性欲亢进，驱动患者做出病前不敢做的事情。例如，不顾名节，与异性发生性关系，导致严重不良后果。

2. 色情行为：女性在视频中，会展示自己的隐私部位，缺乏羞涩感。男性在视频中，会不穿裤子与女友交谈。

3. 热衷与异性交往：热衷谈恋爱，经常更换恋爱对象。

五、躁狂的躯体症状

1. 矮胖：躁狂的病前体型倾向是矮胖型，从小就胖乎乎的，看起来很健康，颈子粗短，病后服药(丙戊酸钠、碳酸锂、奥氮平)发胖，颈子更显粗短。体重指数＝千克体重/米身高的平方，体重指数 18.5～24.9 为正常，25 以上为超重，30 以上为肥胖。肥胖可用托吡酯 25 mg/中饭前，25 mg/晚饭前 治疗。

2. 头痛：躁狂发作之前 2 年内，可有头痛，以顶枕部为多，右侧为多，多为闷痛。有学说认为，躁狂可能是全身免疫炎症反应在脑中的表现。因此，这种头痛可能提示，免疫炎症反应已经开始。有的患者是一遇考试就两太阳穴痛，心情舒畅时不痛。因为心理应激时体内皮质醇升高，皮质醇损害肠上皮细胞，增加肠上皮细胞的通透性，微小食物碎片经肠屏障入血，作为抗原，引发抗原—抗体免疫反应，C -反应蛋白增加，后者作为炎症物质，增加血脑屏障通透性，外周炎症物质进入中枢，引起中枢小胶质细胞炎症，释放干扰素- γ，干扰素- γ 增加“可诱导性一氧化氮合酶”活性，该酶增加一氧化氮合成，一氧化氮扩张脑血管，引起头痛。部分患者去神经内科看头痛，做了脑 CT 和磁共振，没查出问题，不了了之。

3. 脸红或紫黑：部分患者发躁狂时脸红或脸呈紫黑色，可能是免疫反应导致一氧化氮增加，一氧化氮扩张血管，加之患者运动性兴奋，导致血流加快，血液中氧合血红蛋白较多，导致脸红；假如患者没有运动性兴奋，血管扩张后血流变缓，还原血红蛋白较多，脸色呈紫黑色。躁狂缓解后，炎症反应缓解，脸色恢复正常。

4. 燥热：部分躁狂患者可全身燥热，天冷时穿得很少，喝凉饮料，睡觉时脚伸到被子外。轻一些的，一吃暖性食物，就全身燥热。例如，一位躁狂女性述，吃了一斤多车厘子就明显燥热，脱了上衣，不盖被子，辗转难眠。病前吃更多的车厘子也不燥热，说明除了车厘子外，还有内因在起作用，这个内因可能就是全身免疫反应。

5. 诱发哮喘：有的女性多次在晚间情绪高涨时，出现哮喘或血管神经性水肿。机制可能是：中枢去甲肾上腺素增高抑制了外周交感神经功能，中枢去甲肾上腺素增高引起躁狂的情绪高涨；外周交感神经功能抑制导致支气管的肾上腺素能低下，诱发有哮喘史的患者发哮喘。血管的肾上腺素能低下，血管扩张，管壁变薄，血管内液体渗入皮下，导致血管神经性水肿。

六、生物节律

1. 晨轻夕重：与抑郁的晨重夕轻节律相反，躁狂的节律是晨轻夕重。表现为下午比上午情绪高，晚上比下午情绪高，凌晨情绪尤高。根据线粒体分解加速导致躁狂的学说，经过睡眠后，线粒体主要是处于熔合状态，故早晨始动性不足，抑郁加重，随着警醒时间的延长，线粒体分解增加，动力开始复活，抑郁缓解，当线粒体分解过了头，动力增强，出现躁狂。超超快速循环的早抑郁，中间抑郁缓解，晚上躁狂就是这么来的。这还能解释，为什么剥夺睡眠能暂时缓解抑郁，诱发躁狂。因为剥夺睡眠就等于剥夺了线粒体熔合的过程，线粒体释放能量的机会增加，缓解抑郁；剥夺睡眠等于延长了警醒时间，加重了线粒体的分解，诱发躁狂。

由于躁狂是越到晚上越重，故抗躁狂的心境稳定剂和不典型抗精神病药剂量分布重心应放在下午后期(如下午4～6点钟)，以抑制即将到来的躁狂晚高峰。

2. 季节性情感障碍：有些患者每年秋季发抑郁，开春后稍缓解，夏季发轻躁狂，这个规律连续发生2年以上，称为季节性情感障碍。

七、躁狂比抑郁的脑损害严重度

双相躁狂的神经元内Ca^{2+}中度升高，双相抑郁的神经元内Ca^{2+}高度升高，而Ca^{2+}升高程度与神经元兴奋性中毒程度相关联，提示双相抑郁比双相躁狂的脑损害为重。

第二节　怎样诊断躁狂症

一、美国精神疾病诊断与统计手册第五版(DSM-Ⅴ)的躁狂发作诊断标准

A. 有明显异常的、持续高涨的、兴高采烈的或易激惹的心境，且异常的、持续增加有目的、有指向的活动或增加精力，至少持续1周时间(如需住院，不足一周也行)，在一天中大多数时间存在，差不多每天都是如此。

B. 在心境障碍和精力或活动增加期间，至少符合下列3条症状(如果心境障碍只有易激惹，则至少符合下列4条症状)，其严重度达有意义的程度，且比平常行为有显著改变。

1. 自我评价膨胀或夸大。例如自夸有钱，有才艺。

2. 睡眠需要量减少：例如，晚上只睡3个小时，玩17个小时游戏，又睡3个小时，接着玩。

3. 话比平时多或语速加快。例如，在朋友群里说很多话，这种状态一旦开始，要停下来就会很不舒服，因为前意识浅层的联想源源不断地输入意识窗。

4. 意念飘忽或主观体验到思维奔逸。因为思维快,故语速快。看书跳着看,且能记住内容。

5. 别人报告或医生观察到其注意涣散,即注意力太容易被吸引到不重要的或无关的外界刺激上去。聊天内容跳跃,刚才还想做这事,马上又想做那事。

6. 有目的、有指向的活动增加(在单位或学校中社交增加或性活动增强),或增加精神运动性激越(无意义、无目的、无指向的活动增加)。

7. 过多涉及很可能带来痛苦后果的活动(例如,无限制地狂购乱买、轻率地发生性关系,或愚蠢地实施商业投资行为)。

C. 心境障碍重到足以引起明显的社交或职业功能损害,或为防止自伤或伤人而有必要住院,或伴有精神病症状。

D. 该发作不能归因于一种物质(如一种滥用药物、一种治疗药物或其他物质)或另一种内科疾病的生理效应。

注:在抗抑郁治疗(例如,药物治疗、电休克治疗)期间,出现充分的躁狂发作,在超过了该治疗的生理效应期后,仍持续表现为充分的躁狂发作,是诊断躁狂发作的充分依据。

二、躁狂症的种类

(一)谵妄性躁狂

1. 典型症状:谵妄性躁狂就是意识障碍+躁狂,意识障碍的指标除了发作时言语、行为较乱以外,最主要的是有人物定向障碍(如不认识人,或认错人),事后不能回忆。例如,高中男生,看到成绩单的成绩差就崩溃了,大喊大叫,不离校,在学校走走,坐坐,趴在地上睡觉,到晚上 10 点,在回家的路上叫爸爸给买吃的,自己又把吃的扔了,把上衣脱光扔了。回家后把自己反锁在房间里,作揖,往楼下扔鞋子,事后不能回忆,这是谵妄性躁狂。如果对言语和行为记得,但对心理过程不记得,则算冲动行为,不算意识障碍。例如,10 岁女孩一会强迫小狗睡觉,一会要闷死小狗,掐着它。事后说能记得过程，但不知道为何要掐死小狗，这不算意识障碍。

2. 罕见晕倒：谵妄性躁狂再往前推一步，就会晕倒。患者可发作砸物、暴怒，突然不知道自己在哪里，有短暂头晕，甚至会晕倒，恢复意识后可有持续 30 分钟的头晕、复视。随着药物（例如利培酮）的增量，情绪好转，发作性砸东西、暴怒和晕倒也会同步好转。

（二）躁狂发作

躁狂发作是符合躁狂的症状标准，且伴有功能损害或伴精神病症状，病程至少持续 7 天。

1. 认知歪曲所致功能损害：患者认为，钱花出去就有面子，花得越多越好，有钱才有资格做一些事，没钱就该被欺负。问他钱花完了怎么办，说大不了就去死。

2. 行为所致功能损害：例如，患者 20 多天购物花了 2 万～3 万，每天包裹十几个，损害了功能，算躁狂。

3. 兴奋地感到不适：患者自述思维奔逸不舒服，人感到难受；这就影响了功能，算躁狂。

4. 自伤：撞墙，打自己脸，损害功能，算躁狂。

5. 精神病症状：躁狂伴精神病症状，无论有无功能损害，都算躁狂。例如，患者说哈利·波特爱上她了，要跟她结婚，并坚信这是真的。

（三）轻躁狂发作

轻躁狂发作是符合躁狂的症状标准，但无功能损害，无精神病症状，病程至少持续 4 天。

1. 行为障碍：例如，在奶茶店门口看到一个买奶茶的小哥长得帅，每天都在奶茶店门口等那小哥来买奶茶，等了几天小哥没去，才算了。因没损害到功能，算轻躁狂。

2. 舒适的兴奋：例如，重新喜欢看小时候的动画片，连环画书，喜欢听动画片里的主题曲，感到舒适，算轻躁狂。

3. 精神病症状：躁狂只要伴有精神病症状，无论有无功能损害，都诊断躁狂,不诊断轻躁狂。例如,躁狂时幻觉看到另一个世界,对生活没有影响,诊断躁狂,不诊断轻躁狂。

当然,轻躁狂随时可以转化成躁狂。例如,前一刻不砸东西,不损害功能,是轻躁狂,后一刻砸东西了,损害功能了,就成了躁狂。

(四)混合性躁狂

混合性躁狂与典型躁狂都有话多、兴奋,但典型躁狂是持续情感高涨,正性情感占优势,轻松愉快,或情绪不稳,正、负情感交替,导致哭笑无常;而混合性躁狂则以回忆既往不愉快的事件为主,导致心情不愉快,经常与家人翻老账,责怪家人对他不好,或以易激惹为主,导致与周围人关系紧张,又称心绪不良性躁狂。

病例:年轻男性,失恋后要求旅游来转移注意力,要求买吉他,买电动摩托车,买狗,不同意就摔坏鼠标,弄坏抽屉;仇亲,算旧账,睡眠增多,拒绝吃药,为一些小事就生气流泪。

(五)木僵性躁狂

木僵性躁狂就是躁狂+躯体运动不能,患者发病时兴奋话多,但全身僵硬,想动动不了。

病例:50多岁女性,信基督教。半年前出门,见人不管认不认识,就宣传基督教,一个多月前什么都不干了。家里人让其做家务,患者说家务活都交给“神”了,儿子找对象的事也交给“神”了。如果做家务,也干不彻底,干一会儿就对人傻笑,再也不说别的话。之后什么都不做,不进食,也不跟家人交流(亚木僵)。

(六)伴焦虑的躁狂

中脑-边缘多巴胺通路是从中脑腹侧被盖部至少发出两束纤维,一束投射到伏隔核,引起预期快感;一束投射到杏仁核,引起焦虑和恐惧。当γ-氨基丁酸能神经元抑制中脑腹侧被盖部减弱时,中脑-边缘多巴胺通路就脱抑制性功能亢进,其中中脑-伏隔核多巴胺通路亢进引起躁狂,中脑-杏仁核通路亢进引起焦虑和恐惧,故可见伴焦虑恐惧的躁狂,有别于混合性躁狂（伴抑郁症状的躁狂）。表现为花钱多、骂人，想打人，但又害怕胆小。

三、双相障碍的种类

双相障碍的流行率为2%～5%。

1. 双相Ⅰ型障碍：是指有躁狂发作史，或者在不同阶段有躁狂发作和重性抑郁发作史。

病例：女性，目前是重性抑郁发作。追溯历史，以前患者在生气或烦躁时摔过手机、遥控器、鼠标。转到国际学校后学会化妆，买贵的衣服，去染发，花一千多块钱接了头发，因嫌洗头麻烦，不到半个月又去拆掉。

双相Ⅰ型障碍的终生患病率为1.0%，首次躁狂多为突然发作，男性为多。

2. 双相Ⅱ型障碍：是指在不同时段有轻躁狂发作和重性抑郁发作史，无躁狂发作史。

病例：21岁女性，15个月前暴饮暴食，总是哭，睡得晚，不想上课，有自杀想法，7个月前有1周很开心，一个人出去逛马路，买衣服，比平时高兴。

双相Ⅱ型障碍的终生患病率为1.1%，首次抑郁多为突然发作，女性为多。双相Ⅱ型比双相Ⅰ型的社会功能和预后差。

3. 环性心境障碍：是成人至少持续2年（儿童至少持续1年）的轻躁狂相和抑郁相，但都不符合轻躁狂或重性抑郁发作的症状标准。

病例1：31岁女性，在公司独当一面，对外协调社会关系游刃有余，与同事相处融洽，周围人评价她能力强，人脉广，情商高，别人需要她帮忙，只要在她能力范围内，从不拒绝。母亲患癌症住院，她一人昼夜全程陪护，负担所有费用。老公酒驾被处理，她一人应对。处理时从容冷静，事后复盘就会难过流泪，哭到太阳穴疼，感到抗压能力变差。

病例2：男17岁，病程2年，喜欢运动，是校队足球守门员和长跑选手，每天必踢球1小时，然后和球友聚餐，此时很开心，回家就抑郁，觉人生没意思，对前途悲观，说自己享受失败的感觉。做事很被动，不到点不完成作业，但未放弃学习，既要参加竞赛考试，又不主动复习，整个人就是个矛盾体。

4. 特殊性双相障碍：是指不足 4 天的或不足症状标准的轻躁狂发作＋重性抑郁发作史；或只有轻躁狂发作而无重性抑郁发作史；或达不到成人至少 2 年（儿童至少 1 年）病程的环性心境障碍。

病例：19 岁男性，情绪低落，想死，用绳子勒脖子，发脾气，砸东西，捶东西，撞玻璃，撞墙。曾有乱花钱，买小饰品，思维流畅，做事不觉得困难，抢话讲，感觉什么都懂，持续 2 天，不止一次。

上述四种都是美国 DSM－Ⅴ 承认的双相障碍种类。双相Ⅲ型障碍是指在不同时段有重性抑郁发作和抗抑郁药引起的躁狂发作史，虽不被美国 DSM－Ⅴ 承认，但在研究中经常使用，因为涉及双相，要用心境稳定剂治疗，故有其存在价值。

病例：23 岁男性，病程 6 年。感到后脑发空、记忆差，对学习成绩差害怕，沮丧，闪过自杀念头。自从帕罗西汀由 40 mg/d 增至 80 mg/d，出现兴奋、话多、联想多、记忆增强、睡眠减少、精力足，持续一周。诊断双相Ⅲ型障碍。

上例患者可归为 DSM－5 中治疗药物引起的躁狂，但为什么要诊断双相Ⅲ型障碍呢？因为这种人骨子里就有双相素质，证据是他们常有双相家族史，对抗抑郁药效果差，对心境稳定剂效果好。如果诊断治疗药物引起的躁狂，就单纯地认为这是药物副作用，没有与基础抑郁联系起来，对将来的治疗没有指引作用。相反，如果诊断双相Ⅲ型障碍，则性质上就是双相，对将来持续用心境稳定剂治疗有指引作用。

假如抗抑郁药诱发躁狂/轻躁狂后，抗抑郁药已停用，抗抑郁药在体内已排泄掉，躁狂仍不缓解，则改诊断为双相Ⅰ型障碍；轻躁狂仍不缓解，则改诊断为双相Ⅱ型障碍。

四、混合发作

在同一时间内，既有躁狂症状，又有抑郁症状，称混合发作，混合发作是双相障碍的严重形式，女性比男性为多。其中躁狂症状多于抑郁症状的称混合性躁狂；抑郁症状多于躁狂症状的称混合性抑郁。混合性躁狂的诊断价值参照躁狂发作，诊断双相Ⅰ型障碍，而混合性抑郁的诊断价值参照抑郁发作，诊断重性抑郁症，尽管混合性抑郁比纯抑郁提示双相障碍的潜力增加，但混合性抑郁本身不是诊断双相障碍的有力证据，要另有单独的躁狂/轻躁狂发作史，才能诊断双相障碍。

病例 1：24 岁女性，6 年前情绪低、反应慢、苦恼、自责。有 1～2 个月在抑郁背景下话多，很吃力地坚持晨练，希望自己精神状态好一些。抑郁期间性欲强，好逛衣服超市 2～3 小时，逛长了心情好些，不逛就有股劲发不出来。诊断混合性抑郁。

病例 2：男性，花钱多，每天 1 000 元以上。整天焦虑买什么，又焦虑没钱买。仇亲，算旧账，在家待不住，睡醒就要走，要找保姆，要租房子。会因一些小事生气流泪，拒绝吃药，后发展到幻听、暴躁，打自己耳光，问哪儿能快速染上新冠病毒，死了算了。诊断混合性躁狂。

自杀是一件极为痛苦的事情，属抑郁症状，如果当事人要将自杀过程网上直播，宣传一把，则太张扬，有躁狂成分，故网上直播自杀，应考虑是混合性抑郁。

五、躁狂症的鉴别诊断

（一）怎样鉴别是躁狂发作还是精神分裂症

如果患者只有妄想、幻觉，而无话多、兴奋，做事冒险等躁狂症状，则诊断精神分裂症；如果妄想、幻觉的全程都伴有话多、兴奋，做事冒险等躁狂症状（达到躁狂的症状标准），则诊断为伴精神病症状的躁狂发作；即视躁狂为原发症状，妄想幻觉为继发症状；如果妄想、幻觉在一段时间（7 天以上）内伴有话多、兴奋，做事冒险等躁狂症状（达到躁狂的症状标准），躁狂症状缓解后，妄想幻觉又持续了 14 天以上，则诊断为分裂—情感障碍。即躁狂无法忽视，妄想、幻觉（分裂症状）又不是继发于躁狂，两者分别独立存在，故诊断为分裂—情感障碍。

（二）怎样识别是正常行为还是轻躁狂行为

双相障碍患者缓解后，稍有兴奋，家属就担心是否会轻躁狂发作。如果将正常行为当作轻躁狂，就会增加不必要的药物治疗，降低患者的生活质量；如果将轻躁狂当作正常行为，等急性躁狂发作时才开始治疗，就治疗不及时；如果之前只有抑郁，目前行为判断为轻躁狂或正常情感反应，就关系到是诊断双相Ⅱ型障碍还是重性抑郁症的问题。下面就讨论怎样识别正常行为或轻躁狂。

1. 五个不同以往要考虑轻躁狂：

（1）不同以往的思维加速：如果思维变活跃、话多，但不超过平时的正常水平，则不是轻躁狂。超过平时的正常水平，则是轻躁狂。喜悦加幻想活跃，只要超过正常水平，就是轻躁狂。

（2）不同以往的情感高涨：① 好花钱：尽管也不过分，如玩抓娃娃花了一百多，只要事后很心疼，就应考虑是轻躁狂。② 愿望与现实背景太远：要考虑轻躁狂，例如，4 年大学，读了 7 年尚未毕业，想寒假到西藏扶贫助教，想考研，想到寺庙修行。③ 追求刺激：例如，女患者不停地谈恋爱，说喜欢渣男，渣男有意思，老实人没意思。如始终如此，是人生观问题。如最近才如此，是轻躁狂。④ 变大胆了：平时怯场，现在突然不怯场了，不是进步了，而是可能轻躁狂了。⑤ 好打扮了：每天都要化妆，佩戴不同的耳环。该行为只要与她以前不同，就要考虑轻躁狂。⑥ 心情太好：感觉心情跟以前不一样地好，莫名开心，是轻躁狂。

（3）不同以往的意志增强：① 精力过盛：患者因精力充沛而过度锻炼（例如一次跑 10 千米），且不觉得累，是轻躁狂。如为改善抑郁情绪而强制自己锻炼，不锻炼就情绪低落，则不算是轻躁狂。② 睡眠需要量减少：

如果睡眠少到一天2～3小时，白天又不困，这种情况持续一二周，肯定是轻躁狂。有的患者睡眠需要量单看不少，但跟他的基础睡眠量比则算少，例如平时需9小时睡眠，现在只需7小时睡眠，这是轻躁狂的参考指标。③ 好说脏话：原来不说脏话，现在开口就是脏话，要考虑是轻躁狂。

（4）不同以往的追求异性或性需求增加：患者平时性需求冷淡，最近性需求每周三次，则要考虑轻躁狂。

（5）不同以往的性格（由静变动）：原来性格是家庭女性，现在向社会女性转变，要怀疑是否有轻躁狂倾向。例如，我以前喜欢花朵和小鱼，看见它们就会很喜悦。现在看见它们很平静，而对人物访谈，社会新闻，教育孩子这样的信息感兴趣，正学着做严厉而温柔的母亲，初见成效。

2. 七个可理解不考虑轻躁狂：

（1）可理解的机灵：情绪好则言语能力发挥就好，但不能倒过来说，言语能力发挥好就是躁狂。例如，大学辅导员找患者谈话，希望患者休学。患者婉转地怼了辅导员几句，母亲都不大相信患者说话会这么有水平。这是正常反应。

（2）可理解的兴奋：在相应情境下的兴奋，为大家所理解，不算轻躁狂。例如，大考结束后，和同学外出逛街、打羽毛球、打钟点工，不算是轻躁狂。

（3）可理解的爱好：例如，患者对喜欢的衣服会一直穿，对不喜欢的衣服穿一次就丢在家里，这在可理解范围，不算轻躁狂。

（4）可理解的开心：例如，患者喜欢看搞笑视频，经常发出呵呵笑声，这不属于轻躁狂。许多正常青少年也是如此。

（5）可理解的消费：患者喜欢网购，但买的都是家里缺的、要用的，不算轻躁狂。例如，患者已有两只键盘了，又花了300多元网购一只键盘。问他为啥买，说喜欢就买了。并在闲鱼上挂出一只旧键盘要卖出去。这在可理解范围，不算轻躁狂。

（6）可理解的意愿：患者想和朋友出去吃饭，妈妈不同意，他也不理，讲道理也没用。这是自主范围内的事，不算轻躁狂。

（7）可理解的努力：患者专心学习有一段时间了，导致成绩大幅提升，这不算轻躁狂；患者做淘宝生意，吃饭走路都在接单，这是勤奋，不算轻躁狂。

3. 对轻躁狂的处理：对轻躁狂状态，根据患者的既往发作史，有两种处理办法。

（1）消极治疗：患者既往除了抑郁发作外，只有轻躁狂发作，从无躁狂发作，预测这次轻躁狂也不会发展为躁狂，可强化或不强化心境稳定剂和/或不典型抗精神病药治疗，对目前服用的抗抑郁药或可能诱发躁狂的药物，高剂量则减，低剂量则停。

（2）积极治疗：如果患者既往以躁狂发作为主，或至少有过躁狂发作，这次的轻躁狂可能是躁狂的前驱症状，需加强治疗；或根据该患者既往的发作规律，轻躁狂一结束，接着就是重性抑郁，这种轻躁狂作为抑郁发作的导火索，应及时扑灭；或轻躁狂只说不做，例如，想法多，要学这学那，要竞选班长，学校所有活动都要参加，但又不付诸实施，给人以浮躁感，也要积极治疗。一是减停正服用的抗抑郁药（高剂量则减，低剂量则停）或可能诱发躁狂的药物，二是强化心境稳定剂和/或不典型抗精神病药治疗。

（三）划手与自我文身的区别

划手与自我文身都是用锐器划手臂皮肤。但划手只是划出多道不精准的平行线伤痕，没有图案；而自我文身是有意识地画出一个简单图案，例如五角星；划手的目的是通过疼痛或见血，缓解紧张和烦躁情绪，常见于混合性抑郁；而自我文身是通过刺青图案，表达自己的心愿，常见于躁狂。

（四）抑郁激惹与躁狂激惹的区别

抑郁是你让他做事（起床、上学、做功课、按时睡觉），他不肯，你催他，他就火了；躁狂是他提要求（要买东西、要做某事、要投资、要旅游），你不同意，他就火了。

第三节　躁狂的易感因素和先驱症状

一、躁狂的易感因素

（一）病前智力

有的双相Ⅰ型障碍女性智商超常（高达148，天才或接近天才），这至少说明，躁狂的脑损害与精神发育迟滞的脑损害部位不重叠。有的双相障碍患者的数学、语文从小学一到五年级都是95分以上，但体育跑步却倒数第一，做手工，美术综合实践小组，差的同学都不让她动手，提示其左半球（管抽象思维）发育良好，右半球（管形象思维）发育不良，而右半球发育不良与双相障碍相关联。但矛盾的是，更多的双相障碍擅长绘画，而绘画是依赖右半球功能的。所以，很难将双相障碍的病因简单地半球化。

（二）情感增盛型人格

1. 充满动力：躁狂患者的病前人格像火一样燃烧，充满动力，导致他们病前成绩非常好，常担任班干部。

2. 充满热情：他们喜欢参加校内外各种活动。好表现，好被表扬，好说大话，好出风头，好哗众取宠。话多，喜欢向别人灌输自己的话题，而不喜欢倾听。爱做白日梦。白日梦不影响生活就视为正常，影响生活才视为病态。

3. 有点乱花钱：这种人花钱比一般人手脚大，不会过日子，一向如此。这种轻度乱花钱持续2年以上，归为情感增盛型人格。

4. 神经僵硬：常把父母的提醒当成责骂，亲子关系不和谐。不善于处理与同学的关系，易与同学闹矛盾；对老师教育不认同，易与老师争辩，背后说老师不好。爱慕异性时勇于表达，被拒绝后就情绪一落千丈。

情感增盛型人格发躁狂时，是纯躁狂，发抑郁时，因带有情感增盛的底色，故为混合性抑郁。

（三）被性虐待

女患者在童年时（7 岁以前）可能被性猥亵，当时不懂，也不觉得羞耻，等性发育（12～13 岁）后，才感到羞耻、恶心，从而产生性厌恶，甚至导致终生性冷淡。

（四）抗抑郁药诱发

抗抑郁药诱发躁狂，不仅是抗抑郁药的副作用，而且提示该患者有双相障碍素质。不能说“我原来没有双相障碍，用了抗抑郁药，治成了双相障碍。”抗抑郁药诱发躁狂的相关因素有：

1. 诱发剂量：抗抑郁药转躁，如果很小剂量就引发躁狂，说明其内源性躁狂素质较强，而与用抗抑郁药的关系较小；如果大剂量才引发躁狂，说明其内源性躁狂素质较弱，而与用抗抑郁药的关系较大。

2. 诱发速度：如果用抗抑郁药后迅速转躁（例如服药一周就转躁），说明与抗抑郁药和内源性躁狂素质关系都较大。如果用抗抑郁药很久才转躁（例如服药 10 个月才转躁），说明与抗抑郁药的关系较小，而与内源性躁狂基因届时表达关系更大。

3. 诱发严重度：如果用抗抑郁药诱发的是急性躁狂，说明内源性躁狂素质较强。如果用抗抑郁药诱发的是轻躁狂，说明内源性躁狂素质较弱。

4. 躁狂的持续时间：用抗抑郁药诱发的躁狂/轻躁狂，在抗抑郁药停药后 3～5 天内，药物一排泄，就迅速缓解，说明与抗抑郁药关系较大；如果抗抑郁药停药 6 天后，药物已排泄，躁狂/轻躁狂不缓解，说明后面的躁狂/轻躁狂是内源性发作，与前面的抗抑郁药已无关系，是内源性躁狂发作，诊断为双相Ⅰ型障碍；是内源性轻躁狂发作＋重性抑郁发作，诊断为双相Ⅱ型障碍。

二、躁狂的先驱症状

双相障碍在 15～25 岁发作达高峰。在充分发作前 2～7 年（即 8～23

岁)就有不充分发作，包括：

1. 心境转变、情感不稳和易激惹：例如，期末考试没考好，打电话给妈妈哭，说下午不考了。但放下电话还是备考，考后还是全班第一。

2. 抑郁和轻躁狂：双相Ⅱ型障碍主诉了首次抑郁发作时间，医生再主动追溯其首次抑郁发作时间，平均能提前4年；追溯其首次躁狂发作时间，平均能提前2个月。

3. 焦虑和睡眠障碍。

4. 多动症样症状：注意力不集中、多动、冲动和攻击性。

5. 一过性精神病发作：躁狂发作前可有感知综合障碍、反射性幻觉，这些症状时起时伏，不影响患者的学习、生活和玩乐，故不足以诊断精神分裂症，只能说是精神病高危状态。

这种不充分的发作率在双相Ⅰ型为30%，双相Ⅱ型为33%，不充分发作时难以识别和诊断，故从不充分发作到诊断和治疗，平均要推迟5年。

三、预测是重性抑郁症还是双相障碍

有早发性轻躁狂史，即使没有重性抑郁发作，也诊断为特殊性双相障碍，随访5年，50%的转换为双相Ⅰ型或Ⅱ型障碍。

起病年龄大(≥25岁)、只有轻性或重性抑郁症发作，无轻躁狂特征，家族史阴性，将来患双相障碍的危险性较小。

第六章

怎样治疗躁狂症(双相障碍)

第一节　躁狂症的药物治疗

躁狂除了乱花钱,发脾气,甚至打人外;其脑能量代谢亢进还能促进脑氧化和老化,反复发作可致脑萎缩(尽管程度很轻)。脑能量代谢亢进结束后,经常(但不总是)像赔偿一样,出现脑能量代谢不足,引起抑郁。故躁狂需药物治疗。

一、抗精神病药

1. 氟哌啶醇肌内注射:针对躁狂和发脾气的患者,快速控制方法是肌内注射氟哌啶醇,10 mg,常联合东莨菪碱 0.3 mg(解副作用的药,相当于苯海索)肌内注射,以免发生锥体外系反应(斜颈、两眼上翻)。在门诊肌内注射,一日 2 次,可连用 3 天,或住院做无抽搐电休克治疗。

2. 氨磺必利比奥氮平:氨磺必利与奥氮平都抗抑郁、抗躁狂,但氨磺必利是觉醒的,不增肥的;奥氮平是思睡的,增肥的。从抗躁狂强度上讲,奥氮平略胜于氨磺必利。部分患者服氨磺必利会加重烦躁。

3. 帕利哌酮比利培酮:这两种药物虽不及奥氮平抗躁狂的镇静作用强,但比奥氮平的抗躁狂作用稳定。在少数情况下,奥氮平越用,易激惹和攻击性越强,而利培酮和帕利哌酮不会出现这种情况,帕利哌酮比利培酮的优势是直立性低血压轻，肝损害小，其他药物影响其血药浓度的可能性小，劣势是价格贵。

4. 齐拉西酮比利培酮：论起抗躁狂，齐拉西酮比利培酮弱，但胜于喹硫平。齐拉西酮比利培酮和喹硫平的优势是不发胖，比利培酮的另一优势是较少影响月经。

5. 齐拉西酮比阿立哌唑：齐拉西酮与阿立哌唑都不发胖，但阿立哌唑部分激动多巴胺受体，对抗躁狂不利，齐拉西酮阻断多巴胺受体，抗躁狂效应明确。

6. 氯丙嗪比喹硫平：氯丙嗪和喹硫平都有明显的镇静作用，但氯丙嗪比喹硫平的抗躁狂效果好，直立性低血压风险高，且恶化抑郁。

7. 单用不典型抗精神病药治疗可行吗？可行。欧洲治疗双相障碍就不用心境稳定剂，而是单用不典型抗精神病药。北美（美国、加拿大）治疗双相障碍才习惯用心境稳定剂联合不典型抗精神病药。心境稳定剂（碳酸锂、丙戊酸钠）主要用于抗躁狂，而抗抑郁效应弱。对双相阻滞性抑郁来说，碳酸锂和丙戊酸钠还加重无力，而警醒性不典型抗精神病药（鲁拉西酮、阿立哌唑）能明显改善阻滞。所以，有可能出现单用不典型抗精神病药治疗双相抑郁的局面。

二、心境稳定剂

心境稳定剂治疗躁狂，碳酸锂与丙戊酸钠并列第一。治疗典型躁狂，碳酸锂胜于丙戊酸钠；治疗混合性躁狂，丙戊酸钠胜于碳酸锂。治疗伴焦虑的躁狂，卡马西平胜于碳酸锂；奥卡西平的镇静作用比卡马西平强，但抗躁狂作用比卡马西平弱。近来发现，奥卡西平对乱花钱似乎较有效；加巴喷丁的抗躁狂效果与奥卡西平一样弱；拉莫三嗪虽有抗躁狂的报道，但因拉莫三嗪提精神，对抗躁狂不利，每当躁狂发作时，我们经常停用拉莫三嗪。

（一）碳酸锂

1. 碳酸锂第二次再用就效果不好吗？有的双相患者上次发病服碳酸

锂效果好，停药后下次发病，再用效果就不好。这不是碳酸锂本身的问题，而是双相障碍在加重，变难治。这种情况有，但非所有患者都如此，许多患者第五次、第六次复发，再用碳酸锂照样有效。

2. 血锂浓度低于 0.4 mmol/L 抗躁狂就无效吗？

（1）血锂浓度低于正常值时以临床效果为准：血锂治疗浓度是 0.8～1.2 mmol/L（也有医院将上限定在 1.0 mmol/L），预防浓度是 0.4～0.8 mmol/L，中毒浓度是 1.4 mmol/L 以上，这些都是通过实验数据总结出来的。实践是“海水”，实验数据是从海水中取样，所以，实验数据是认识“海水”的参考，一旦与海水的实情不符，自然还是以海水为准。如果患者的血锂浓度低于 0.4 mmol/L，临床上已奏效，需不需碳酸锂增量呢？当然无需。

（2）血锂浓度高于正常值以血锂为准：如果血锂浓度高于 1.4 mmol/L，患者并未出现任何中毒症状，即使我们已经知道应以临床症状为准，但出于对医疗风险和法律责任的考量，还是不能不当真，需停锂观察，如血锂浓度超过 2.0 mmol/L，还需输生理盐水或喝盐水促进排泄。宁可被误报的高血锂浓度耍一场，也不冒万一是真的的风险。就像是人家在外面喊地震了，你没震感，但考虑到风险，还是不得不跟着大家急忙往楼房外跑。宁可白惊慌一场，也不想冒被楼房压死的风险。

3. 饮食咸淡影响服碳酸锂的效应：有患者家属疑惑：两次都是早晨查血锂，第二次服锂 1 200 mg/d 比第一次服 900 mg/d 的血锂还低，怎么解释？正常情况下，应该是服锂剂量越大，血锂浓度就越高。像这种反常情况可能与饮食的咸淡变化有关。钠离子与锂离子都经肾小球滤过，进入肾小管，在肾小管内，钠离子与锂离子竞争回收入血。饮食越咸，体内氯化钠越多，在肾小管内钠离子回收入血越多，锂离子不能回收入血，经尿排出就越多，故血锂浓度下降；相反，饮食越淡，体内氯化钠越少，在肾小管内钠离子回收入血就越少，锂离子回收入血就越多，经尿排出的就越少，故血锂浓度升高。如果第一次查血锂前饮食较淡，第二次查血锂前饮食较咸，就可出现第二次血锂比第一次为低的结果。

同样，即使饮食咸淡不变，如果第一次查血锂前躁狂（或抑郁）较重，导致饮食量较少，氯化钠总摄入量就少，第二次查血锂前躁狂（或抑郁）好转，导致饮食量正常化，氯化钠总摄入量增加，也可出现第二次血锂比第一次为低的结果。

（二）丙戊酸钠

1. 拉莫三嗪能代替丙戊酸钠治疗双相障碍吗？混合性躁狂和混合性抑郁用丙戊酸钠比碳酸锂效果好。可是，拉莫三嗪、奥卡西平、托吡酯、加巴喷丁不可以简单地替代丙戊酸钠。

2. 丙戊酸镁缓释片能掰开服用吗？丙戊酸镁缓释片是以羟丙基甲基纤维素为骨架材料，加入丙戊酸镁，混匀压片制成，利用羟丙基甲基纤维素的黏度，减慢丙戊酸镁的释放速度，达到缓释目的。因为羟丙基甲基纤维素与丙戊酸镁是混匀的，故从理论上讲，掰开服用依然有缓释效应。说明书上对此避而不谈。退一步说，即使破坏了缓释效应，由于剂量折半，药量已很小，作为平片服用，也是安全的。

3. 丙戊酸钠缓释片（德巴金）能掰开服用吗？丙戊酸钠缓释片是通过微囊技术达到缓释效果的，掰开服用，大部分微囊没被破坏，故能维持缓释效应。丙戊酸钠缓释片说明书上说：本品应整片吞服，可以对半掰开服用，但不能研碎或咀嚼。

4. 德巴金过量解除后，能否再服德巴金？当然可以，首先应确认，之前服用德巴金对该症状有效，才值得再服。德巴金过量解除 2～3 天后，该症状再次冒头，就可以再服德巴金了。

（三）心境稳定剂与不典型抗精神病药哪个抗躁狂更重要

1. 旧观点是以碳酸锂为核心药物：以前只有典型抗精神病药（氯丙嗪、氟哌啶醇）和心境稳定剂，典型抗精神病药能抗躁狂，但恶化抑郁，心境稳定剂主要抗躁狂，次要抗双相抑郁（其实抗抑郁效果有限），那时总觉得心境稳定剂（主要是碳酸锂）需长期维持，而典型抗精神病药只在急性躁狂时联合碳酸锂治疗一段时间，一旦躁狂被控制住，典型抗精神病药就逐渐撤除，以免引发下一轮抑郁。而碳酸锂则长期维持，理由是碳酸锂抗躁狂、抗抑郁、防躁狂、防抑郁都有效。故碳酸锂在双相障碍中的治疗地位很高。

2. 新观点是碳酸锂与不典型抗精神病药并重：现在，随着不典型抗精神病药的广泛应用，利培酮、帕利哌酮、奥氮平和齐拉西酮抗躁狂的优势并不亚于心境稳定剂，且不恶化抑郁，它们有可能（但不一定）需维持治疗。今后的抗躁狂维持治疗，倾向是心境稳定剂和不典型抗精神病药并驾齐驱，尽管医生在维持期仍有撤除不典型抗精神病药的企图，但不一定能撤除成功。相反，如果该患者用不典型抗精神病药（如喹硫平、鲁拉西酮）维持治疗双相抑郁效果好，或用利培酮、氨磺必利治疗躁狂效果好，逐渐撤除碳酸锂和丙戊酸钠也并非不可能，因为不典型抗精神病药也是编外的心境稳定剂，单独维持治疗双相障碍也是合法的。

三、抗抑郁药

当躁狂发作时，正在用的抗抑郁药倾向停用，中低剂量（帕罗西汀 20 mg/早、艾司西酞普兰 10 mg/早、舍曲林 100 mg/早）直接停用，高剂量直接停用怕引起躁狂的反跳性加重，第一步是减至低剂量（例如，舍曲林 200 mg/d 一步减至 50 mg/早），一周后停用。

四、治疗操作

1. 不治疗指征：① 主观偶尔莫名兴奋，客观看不出来；② 轻微躁狂，患者感到舒适，不愿处理。

2. 同时增加药量：理论上讲，两种药物交替增量，可分清是哪种药的疗效和副作用，但对抗躁狂来说，会延长控制病情的时间，所以只要有经验，安全上有把握，可以几种药物一起增量。例如，急性躁狂，起始量就是碳酸锂 300 mg 一日 2 次，德巴金 500 mg/早，奥氮平 5 mg/晚。

3. 维持治疗的时长：激进派认为，第一次躁狂发作缓解后维持服药至少 1 年，第二次躁狂发作缓解后维持服药至少 5 年；保守派认为，第一次躁狂发作缓解后维持服药至少 5 年，第二次躁狂发作缓解后维持服药终生。

4. 减药的时机：之前稳定病情越不容易，之后减药越要谨慎。之前稳定病情越容易，之后一有不良反应，就考虑减量。

5. 间断性服药：躁狂患者缓解后说，他下次认为有病时，自己会服药，没必要一直服药。其实这是不成立的，因为轻躁狂时感到自己状态很好，不愿用药消除这种状态，急性躁狂时已丧失自知力，更不会自觉服药了。

五、丙戊酸钠和碳酸锂引起过度肥胖怎么办？

1. 过度肥胖：长期服用丙戊酸钠和碳酸锂，有的患者会过度发胖。1 位患者身高 1 米 72，胖到 117 千克，其体重指数＝千克体重÷米身高的平方$=117\div1.72^2=39>32$，>32 属于非常肥胖。这种人走路，别人要让着点，以免被他撞倒；坐地铁、要坐一个半座位，乘高铁，要坐一等座，才能坐得下去。

2. 替换药物：这种药源性肥胖的患者，自然有强烈的换药愿望，有四种不典型抗精神病药可供替换：齐拉西酮、氨磺必利、利培酮、帕利哌酮。其中齐拉西酮和氨磺必利不引起肥胖，但延长心脏 QTc 间期是潜在威胁，齐拉西酮中度抗躁狂，氨磺必利高度抗躁狂（在部分患者会引起烦躁和失眠）。利培酮和帕利哌酮都高度抗躁狂，但引起中度肥胖，肥胖程度比丙戊酸钠轻，比碳酸锂重，就减肥来说，利培酮和帕利哌酮替换丙戊酸钠值得，替换碳酸锂不值得。

3. 不考虑替换的药物：奥氮平致肥胖效应比丙戊酸钠还重，不考虑替换；喹硫平致肥胖效应与利培酮是同一个数量级，但抗躁狂效应靠不住，30％的会引起易激惹，可能恶化躁狂，不考虑替换；阿立哌唑不引起肥胖，但因警醒效应，可引发易激惹和失眠，抗躁狂效应靠不住，不考虑替换；哌罗匹隆、布南色林、鲁拉西酮没有抗躁狂指征，不考虑替换。

4. 节食药：可以用二甲双胍或托吡酯抑制贪食。其中二甲双胍效果弱，托吡酯效果强一些。这两种药物剂量都不要用大。二甲双胍 0.25 g/中饭前，0.25 g/晚饭前，剂量大易出现恶心、低血糖、有晕倒感；或妥泰25 mg/中饭前，25 mg/晚饭前，一周后可增至 50 mg/中饭前，50 mg/晚饭前。托吡酯会损害认知，可引起情绪不稳，应小心，但也不必怕得不敢试，即使引起，也要权衡得失，再决定取舍。如果到了非常肥胖的程度，用二甲双胍和托吡酯也只是杯水车薪，很难起到明显作用。

5. 体力锻炼：我见过一位男患者，经过强体力锻炼，自觉节食，2 个月瘦了 30 千克，真是了不起！但我不推荐服用碳酸锂的患者做强体力锻炼。即使做，也要量力而行，遇到不适就立即停止。理由有二：① 剧烈运动会加快心率，如果心脏不能根据生理需要而加快心率，就会引起虚脱（头晕、面色苍白，甚至晕厥）。碳酸锂倾向减慢心率，在剧烈运动时，心脏可能达不到所需的心率，增加虚脱危险性；② 剧烈运动可引起大汗，大汗引起脱水，脱水引起体循环浓缩，血锂浓度升高，引发锂中毒。

齐拉西酮或氨磺必利有延长心电图 QTc 间期的风险，在 QTc 间期延长（男性≥450 ms，女性≥470 ms）的背景下，剧烈运动易诱发尖端扭转性室速，进一步发展为室颤，导致心脏停搏和猝死。有时听说大学生跑步或打篮球时突然死亡，部分就是因为有先天性 QT 间期延长综合征，加上剧烈运动，导致尖端扭转性室速→室颤→心脏停搏→猝死。故服齐拉西酮或氨磺必利者，不建议做强体力锻炼。

第二节　特殊的躁狂发作治疗

特殊的躁狂发作包括混合发作和快速循环性双相障碍。

一、混合发作的机制、症状和治疗

1. 什么叫混合发作：混合发作就是在同一时间内，既有躁狂症状发作，又有抑郁症状发作。在国外，混合相占双相障碍诊断的 1/3，在国内，以前很少诊断混合相，是因为我们认识不足。

2. 混合发作的原理是什么？当线粒体（细胞内能量加工厂）被迅速掰开时，掰碎的线粒体更快地向脑细胞供能，脑能量代谢增强，在边缘系统引起情感高涨，在前额皮质背外侧部引起思维奔逸，在中央前回引起体力增强，在纹状体引起体内有一股要发出来的劲，故全脑能量代谢增强引起躁狂发作；当线粒体功能减退时，脑能量代谢不足，在边缘系统引起情感低落，在前额皮质背外侧部引起思维迟缓，在中央前回引起体力减退，在纹状体引起由内而外的疲劳感，故全脑能量代谢不足就引起抑郁发作。而在同一时间，一些脑区能量代谢增强，另一些脑区能量代谢减退，就引起混合发作。

3. 表现：混合发作以“体内有一股要发出来的劲＋思维迟缓＋情感低落”组合最为常见，这股劲引起紧张感，需通过感受疼痛、强体力消耗、发脾气，才能释放出来。故混合性抑郁常伴有划手自伤、踢床、捶桌、嚎啕大哭、去外面漫游。

4. 治疗：混合发作不论是混合性躁狂（躁狂症状＞抑郁症状）还是混合性抑郁（抑郁症状＞躁狂症状），均按躁狂治疗（心境稳定剂＋不典型抗精神病药），即使是混合性抑郁，也不用或慎用抗抑郁药，以免恶化其中的躁狂症状。心境稳定剂主要是指碳酸锂和丙戊酸钠，不用或慎用拉莫三嗪，不典型抗精神病药主要是指利培酮、齐拉西酮、喹硫平、奥氮平，不用或慎用阿立哌唑、鲁拉西酮、氨磺必利。

5. 预后：混合发作比纯躁狂和纯抑郁发作难控制，预后差。常需要两种心境稳定剂＋两种不典型抗精神病药联合治疗，才能控制得住。

二、“早晨呆如木鸡，晚上动如脱兔”也是一种病

如果白天情绪低落、懒动，晚上开心活跃，那白天情绪低落、懒动无疑是抑郁。晚上的开心活跃，如未超过病前正常水平，则属于抑郁的晨重夕轻，按抑郁治疗；如超过病前正常水平（例如莫名开心），则属于轻躁狂。白天抑郁，晚上轻躁狂，归为超超快速循环性双相障碍。患者形容自己是“早晨呆如木鸡，晚上动如脱兔”。

1. 什么叫超超快速循环性双相障碍：超超快速循环性双相障碍是 1 年情感发作 365 次以上，即情感位相（躁狂或抑郁）至少每天转换一次，再重一些，一天一个躁狂—抑郁循环，再重一些，一天数个或数十个躁狂—抑郁循环，最常见的是早晨重性抑郁、晚上轻躁狂。

病例：早上醒来抑郁，到下午 4 点钟像化冰一样缓解，傍晚前又出现抑郁 1～2 小时，傍晚后开始轻度兴奋，越晚脑子越清醒，到后半夜 3 点钟，情绪又开始低落。

2. 超超快速循环性双相障碍可归为双相障碍混合相：双相障碍混合相是躁狂-抑郁同时发作，超超快速循环是一天内抑郁-躁狂循环发作，循环得越快，越接近双相障碍混合相，所以超超快速循环被视为一种双相障碍混合相。

病例：患者述：表面话多兴奋，内心好烦躁；焦虑压抑与欣快混在一起。或者一天之内变来变去。上一秒还侃侃而谈，下一秒就组织不好言语。

3. 超超快速循环能快到什么程度：一次躁狂只持续 7～8 秒时间，然后就转为抑郁。

病例：患者总体是抑郁的，但有时有狂喜的感觉，持续时间 7～8 秒，手舞足蹈，脸上笑着说又狂喜了，问她狂喜什么，一次说想到网友说喜欢她，一次说想到晚上能睡好觉。每天狂喜发作 3～4 次。

4. 严重度：由一般的双相障碍演变成超超快速循环性双相障碍，是病情加重。但不用紧张，常能被药物控制住，回到一般的双相障碍。

5. 功能损害：轻的超超快速循环躁郁波幅小，还能坚持上课。重的超超快速循环躁郁波幅大，自己后一会都不能理解前一会为什么会那样做。例如，患者前一会用刀划自己的手，后一会跟家人说，刚才划手的行为不可思议。

6. 易感自杀：一位女患者述："情绪低迷时灵魂被掏空，有强烈的丧失感，悲伤想哭，思维速度变慢，感到时间变慢，看世界变暗，到夜里，情绪突然升高，魂魄瞬间回到体内，充盈的情感像是化开了春雪，浸润着枯朽的心身，思维速度变快，感到时间也变快，好像一夜跳过很多年，看灯光格外明亮，夜里情绪多次起伏，巅峰维持时间极短”。快速循环的躁狂与抑郁相对应，见表6-1。“夜里情绪多次起伏，巅峰维持时间极短”，说明脑供能状态一会极高，一会极低；刚才还有说有笑，瞬间就伤感哽咽；情感落差像过山车一样，患者难以承受，易感自杀。

表6-1 躁狂与抑郁相对应

	抑郁	躁狂
灵魂	被掏空	回归体内
情感	干涸	充盈
思维速度	变慢	变快
感到时间	变慢	变快
光感受	变暗	变亮

7. 共患：超超快速循环性双相障碍的抑郁可伴有人格解体，抑郁控制住了，人格解体应随之缓解，即继发性人格解体；如果抑郁控制住了，人格解体还不缓解，那就是原发性人格解体（人格解体障碍），后者较难治。

8. 治疗：对超超快速循环性双相障碍应按双相障碍混合相治疗，即减停抗抑郁药，服用心境稳定剂＋不典型抗精神病药。当躁狂较重时，除了用碳酸锂和丙戊酸钠，还要渐增利培酮、帕利哌酮、奥氮平或齐拉西酮至中～大剂量，重点是改善躁狂，其次是不恶化轻抑郁；当阻滞性抑郁较重时，除了用碳酸锂和丙戊酸钠，可选用阿立哌唑、拉莫三嗪、低剂量氨磺必利（50～200 mg/d）、鲁拉西酮；当焦虑（加失眠）性抑郁较重时，可选用喹硫平和奥氮平，因为担心过度肥胖，故先选喹硫平，后选奥氮平。优甲乐治疗超超快速循环有重要地位，详见p20，这里谈治疗超超快速循环性双相障碍的两种特殊药物。

（1）碳酸锂：有观点说，“超超快速循环患者应避免用碳酸锂”，基于两个理由，一是普通躁狂-抑郁循环用碳酸锂控制不住，才发展成超超快速循环，故超超快速循环再用碳酸锂效果不会好；二是碳酸锂降低甲状腺功能（升高促甲状腺激素），后者促进超超快速循环的发生，所以对超超快速循环治疗不利，但如果用优甲乐补足甲状腺功能，则不存在该问题。有研究表明，碳酸锂联合丙戊酸钠能使 1/4 的快速循环短期稳定，而随机服用其中一种药物，60％以上的患者复燃，表明单用一种心境稳定剂，仅使不到 1/8 的患者短期稳定，提示碳酸锂对快速循环还是有效的。

（2）尼莫地平：服碳酸锂治疗常因手抖、多尿而剂量加不上去，这时可用尼莫地平强化碳酸锂的钙离子阻断效应，强化碳酸锂的心境稳定作用，剂量是 20 mg，一日 2 次，一周后可增至 40 mg，一日 2 次。如出现情绪低落，应及时停用。

9. 好转指标：只要循环波幅变小，循环速度减慢，就是好转。等慢到每年发作 5 次到 364 次时，称超快速循环性双相障碍；等慢到每年发作 4 次时，称快速循环性双相障碍；等慢到每年发作＜4 次时，称一般的双相障碍。在回到一般的双相障碍后，如果重性抑郁发作很重，依然可用抗抑郁药。懒动为主的用氟西汀，焦虑为主的用艾司西酞普兰。

第三节　躁狂症的预后

一、躁狂发作与抑郁发作的不对称性

我们会想当然地认为：躁狂是抑郁的反向，躁狂耗能过多，抑郁耗能过少，所以，这次发躁狂有多重，下次发抑郁就有多重，躁狂-抑郁两极的发作应该是对称的。但实际上，躁狂—抑郁发作是不对称的，4％的躁狂患者从无抑郁发作；有的躁狂发作很重，但抑郁发作却很轻；有的躁狂很轻（轻躁狂），甚至只有一晚上的轻躁狂发作，但抑郁严重而持久。总体看来，抑郁发作的频度较躁狂为高，双相Ⅰ型障碍（躁狂＋重性抑郁）的抑郁发作比躁狂/轻躁狂发作的比率是 3∶1，双相Ⅱ型障碍（轻躁狂＋重性抑郁）的抑郁发作比轻躁狂发作的比率是 39∶1。

二、疗效评价

对抗躁狂疗效的评价是以“周”为单位，而不是以“天”为单位。

1. 有效指标：患者脾气小了，打人力气变小了，睡眠持续时间延长了，都是有效成分。如果睡到下午 3～4 点才起床，一天只赶上吃一顿药物，那白天漏服的药物就不补了。因为睡眠过长本身说明，药量已经偏大。

2. 临床痊愈：持续 2 个月以上无躁狂症状，不论是否在服药，都算是临床痊愈。

3. 社会痊愈：持续 2 个月以上无躁狂症状，能恢复原来的学习能力或回到原来的工作岗位，工作能力无减退，算社会痊愈。如果持续 2 个月以上无躁狂症状，虽然复学，但学习成绩达不到原来水平，或回到原单位，不能胜任原来的工作岗位（例如由中学教师调岗为图书管理员），则不叫社会痊愈。

4. 不能社会痊愈的原因：双相障碍患者缓解后，60％的残留认知损害，其中 30％的影响到学习能力，例如，注意力不集中；30％的不影响学习能力，例如，跟病前一样注意力集中，虽然记忆力下降，但对学习能力影响不大；40％的不残留认知损害。还有一种可能是药源性认知损害，导致学习坐不住，注意力不集中。

三、下一轮躁狂的复发先兆

每个人的复发先兆不同，有的复发先兆在常人看来不算病，但患者每次复发都以此为先驱症状，应视为复发先兆。例如，女患者每次复发躁狂前，就开始思念自己曾心仪的那个男生，尽管知道那个男生对她从无意思，这种思念本来很正常。但患者每次发躁狂前都出现这一现象，则是躁狂复发的信号。

四、最好的预后是个什么样子

在医生的认知里，预后好的病例可能是既不复诊，也不服药了。有的患者20岁第一次发躁狂，60岁才发第二次躁狂，中途近40年不服药，也不复发。如果终生不发第二次，则终生不会复诊。当然这种情况很少。而且不来看病，也不能说就是病好了，或许反复发作，后来在其他医院看病了，或许后来抑郁发作，早已自杀身亡了，医生也不知道。医生能看到双相障碍恢复得最好的病例，是稳定服药，工作能力恢复，每年来咨询2～3次，平时的轻抑郁、轻躁狂，都是自己消化，外人并不知道。

第七章

家人怎样护理躁狂患者（双相障碍）

第一节 家人怎样读懂躁狂患者

一、如何读懂思维奔逸

1. 为什么概括能力差？患者描述电影或过去事件，细节太多，中心不突出，让人听着特别累。因为轻躁狂发作时，回忆细节多，这些细节依次进入意识窗，思维加速又不明显，患者能从容叙述细节，故话多，聆听者希望从话中迅速捕捉到中心思想。可是，叙述细节越多，情节推进就较慢，捕捉中心思想就越难，听得就越累，越不耐烦。

2. 为什么说话不算数？躁狂发作后，思维奔逸，念头来得快，去得也快，故说话不算数。

3. 为什么聊天易跑题？因为躁狂发作后，思维奔逸，联想在意识窗中迅速飘过，注意不断专注新的联想，即注意转移，故说话易跑题。

4. 为什么躁狂嫌老人反应慢？躁狂患者因为思维变快，所以喜欢与和他思维一样快的人说话，不喜欢老人的思维反应慢，一句话要啰嗦几遍；躁狂患者的精力增强，喜欢与他一样快节奏的人做事，不喜欢老人的慢节奏。

二、如何读懂情感高涨

1. 为什么躁狂爱打扮、爱张扬？患者病前鄙视抽烟、喝酒、泡吧、打扮张扬、讲粗话、撒谎，因为自我主见的理性部分在控制着感性部分。躁狂发作后情感高涨，自我主见的感性部分远超过理性部分，理性不再能节制感性，感性恣意释放，变得喜欢抽烟、喝酒、泡吧、打扮张扬、讲粗话、好撒谎。

2. 为什么容易上当受骗？躁狂患者情感高涨，把世界看得过于美好，把别人看得过于善良，疏于防备，容易上当；躁狂患者思维奔逸，每个联想在意识窗中立足未稳，就被下一个联想推走，每个联想在意识窗中停留的时间过短，根本没时间反复推敲，就快速做出决定，故易上当受骗；躁狂患者意志增强，志在必得，不听旁人劝阻，也易上当受骗。

三、如何读懂"功为己、过为人"的现象

1. 投射现象：是指当事人怕对某苦恼的事情承担责任，通过指责他人，使自己不必承担责任。例如，混合性抑郁症患者会指责她的抑郁是爸爸遗传的；躁狂患者说自己是最聪明的人，当遇到不会做的题时，说是他爸爸的智商低，从而影响了他的智商。

2. 无意识的投射：投射有时是有意识行为（如上例），有时是无意识行为。例如，年轻躁狂男性，坐车期间有时想找女孩搭讪，因怕被拒绝而作罢，说明患者有情欲，但怕对自己的情欲承担责任，如果能把自己的情欲投射给女方，自己就不用承担责任。还是该年轻躁狂男性走在路上，觉得路上女人对他有好感，故意引他注意，他很烦躁，说并不喜欢这些人。从潜意识浅层来的"路上女人对他有好感"这种病理性信念，进入意识层面，既解决了他怕被女孩拒绝的担心，又否定了他对女孩的情欲。这等于是通过潜意识浅层的信念，欺骗了意识，使自己失衡的心理，重新平衡起来。至少有些妄想是这么形成的。

3. 内向投射：与向外投射相反，患者是把客体投射到主体。例如躁狂

男性在宿舍里大声朗读某成功人士的演讲稿，说要励志，是把该成功人士的成功投射到自己身上。

四、为什么躁狂会夸大社会的阴暗面

这个世界就像河水一样，既不是清澈见底，也不是黑泥浆。混合性躁狂在心绪不良的有色眼镜下，会把世界看成黑泥浆，夸大社会的阴暗面，成为愤青。

五、为什么躁狂处理问题会僵硬

躁狂患者虽有注意转移，定下的事情容易改变。但另一方面，部分躁狂患者处理问题像儿童一样简单、固执，难以改变。例如，有的患者只同意每天服一顿药，服多少片他不管；或者同意每天服三顿药，每顿只能服1片药，剂量大小他不管。这是神经可塑性降低所致，躁狂的能量代谢虽然增加，但这些能量未能合理用于神经树突的修剪和增加上，以致处理问题不灵活。

第二节　家人在生活中怎么应对躁狂患者

一、怎样应对患者的不讲理

1. 播放音乐的音量很大：躁狂发作时情感高涨，为了追求刺激，音乐播放音量很大，夜越深，情感越高涨，播放音量越大，会影响邻居休息。这时家人应予提醒，不听也没办法。强行阻止患者就会发脾气："你再说，我就跳楼"。

2. 闹着要钱买东西：躁狂的态度是易变化的，不要认为她今天不讲理，就永远不讲理。有的躁狂吵闹是以小时计算的，例如要钱买东西，先给一点也不行，要给就全给，但不管家长给不给钱，过了一个多小时，折腾

完了,就像没事人一样,洗澡上床睡觉去了。所以,“拖”是一种好战术,躁狂时能量释放越快,持续时间就越短,就像雷暴雨一样,不会持久。可是,在“拖”的过程中,还不能激怒患者,这就要看你的水平了。

3. 激烈地指责家人:躁狂发作时,病理性记忆增强,会把家人往年对他的不好,一股脑儿翻出来,情感反应又强,开始指责和控诉家人。家人感到:“平时不提现在提,而且还气得那么厉害。”这些事件通常是事实,但被患者通过强烈的情感,说得五彩斑斓,容易引起旁观者的共情。患者因为注意转移,所以没人应的话,吵吵就过去了。你一搭腔,正好吸引他的注意,他就专注着跟你吵。由于他意志增强,非吵赢不可;由于他情感高涨,自信心增强,故他有把握能吵赢;由于他思维奔逸,思维反应速度快,你说一句,他说三句,句句倒扣,辩得你无话可说。你如还不住口,他就把这些事情发到朋友圈或网上,让大众评议。你如硬顶,他说不过你,就开始打了。你跟他对打,输赢都不光彩。所以,“低头”“不理”“敷衍”,是损失最小的办法。然后联系医生,加强治疗。

二、服药不依从怎么办

1. 躁狂发作时服药不依从:躁狂因为意志增强,导致自主性增强,对药物是想服就服,不想服就拒服,不服药将进一步恶化躁狂。只有当服药的效果立竿见影时,他才愿意服。例如,上午吐了德巴金 500 mg,中午就想咬人。他才知道服德巴金的重要性。有的患者一天只肯服一顿药,医生就很犯难。像碳酸锂片 1 000 mg/d,放在晚上顿服,则剂量过高,峰值浓度时易达中毒水平。

2. 应对方法:可用利培酮口服液 1 ml 和/或德巴金口服液 15 ml 放在饮料或饭菜中,给患者暗服,每天服用很难定在同一时间,能服下去就不错了。其中利培酮口服液的优点是无色无味,体积又小,加入饮料或饭菜中不易被发现,缺点是后面逐渐增至较大剂量时(例如 3 ml),易出现静坐不能或两眼上翻、斜颈等副作用,这时可明服苯海索 2 mg/早,2 mg/晚,就说是治你的静坐不能或两眼上翻、斜颈症状,不说引起这些症状的原因；德巴金口服液的缺点是红色的，只有加入底色是红色的饮料（例如“醒目”的西瓜汁味饮料）或红色菜肴（例如炒苋菜）中，或加入深于红色的饮料中（例如葡萄汁色的饮料、可乐饮料），或加入红烧菜肴中，优点是即使后面渐增至 30 ml，也没有静坐不能、两眼上翻、斜颈等明显副作用。等剂量加到一定程度时，躁狂减轻，有一定自知力，暗服就可改为明服，用利培酮片剂 1 mg 代替利培酮口服液 1 ml，用丙戊酸钠 600 mg 代替德巴金口服液 15 ml，但依然不告诉患者之前暗服药的事，因为该手段在下次发躁狂时还要用。也有家属给患者暗服奥氮平而不被发现的，等患者有了一定自知力，再由暗服改为明服。

3. 躁狂缓解后服药不依从：躁狂-抑郁症（双相障碍）是一种反复发作性疾病，维持服药则复发少而轻，不维持服药则复发多而重。躁狂缓解后，患者虽承认躁狂时表现异常，但不相信下次还会再发，于是不肯维持服药，不久躁狂复发，多数患者经过 2～3 回合，才认识到维持服药的重要性。也有少数患者经过 3 次以上的躁狂发作，仍不相信维持服药的重要性，那就是有认知缺陷。

在躁狂缓解期间，因为没什么症状，劝患者服药，患者不肯，家属也没耐心再给患者每天暗服药。

三、上学和上班问题

1. 上大学：上大学就在本地区上，勿去外地，更不要去国外留学，即使躁狂复发，家人也能照顾得到。如去国外留学，躁狂发作通常得不到及时治疗，国外（例如加拿大）的医生需要预约，需要等待，医疗资源不如国内便捷。

2. 上班：躁狂患者即使缓解，找工作不要找需上夜班的、需长驻外地的、频繁出差的、需陪酒的、需熬夜的（例如开发软件）、需长程驾驶的工作。

四、高热、呕吐、拉肚子对躁狂用药的影响

高热（38.5℃以上）、呕吐、拉肚子，对碳酸锂的用药均有影响。高热失水，失水降低血容量，碳酸锂血药浓度被浓缩，浓度升高，容易中毒；用退烧药后，通过大量出汗而退热，大量出汗引起脱水，使碳酸锂血药浓度被浓缩，浓度升高，容易中毒。碳酸锂中毒的先驱症状是反复呕吐和腹泻，故反复呕吐和腹泻就要怀疑已接近锂中毒。即使是饮食不洁所致胃肠炎，其呕吐和腹泻的脱水作用，也会使碳酸锂血药浓度被浓缩，浓度升高，容易中毒。所以，无论什么原因导致的高热、呕吐、拉肚子，都要暂停碳酸锂，等高热、呕吐、拉肚子缓解后，再恢复碳酸锂原量。

感冒发热服用氯霉素、红霉素、罗红霉素、诺氟沙星（又名氟哌酸）时，通过抑制 3A4 酶，有提高喹硫平和阿立哌唑血药浓度的潜力。

五、怀孕期间发躁狂怎么办

双相障碍患者怀孕期间发躁狂，应首先停用正服用的抗抑郁药、鲁拉西酮、阿立哌唑、拉莫三嗪，因为这些药物都抗抑郁，恶化躁狂。其次对正服用的喹硫平增量，因为怀孕期间尽量只用一种 C 类妊娠药物（既没有找到对胎儿致畸的证据，也没有找到对胎儿不致畸的证据），无特殊情况不要加用第二种治疗药物。如喹硫平拿不下来，可换成奥氮平治疗（也是 C 类妊娠药物）。如担心发胖，可改用齐拉西酮（起始量）20 mg/早，20 mg/晚，苯海索 2 mg/早，2 mg/晚（出现静坐不能再用），这一下就用到两种 C 类妊娠药物了，也是无奈之举。利培酮、帕利哌酮、氨磺必利增加催乳素太强，催乳素抑制雌激素和孕激素，对胎盘发育不利，继而对胎儿发育不利，避免使用；怀孕第四个月后发躁狂，可用碳酸锂 300 mg/早，300 mg/晚。碳酸锂虽为 D 类妊娠药物（有致畸的阳性证据，但使用还是利大于弊），导致心脏致畸，那是怀孕头三个月内的事，怀孕第四个月后，胎儿器官发育已成熟，不再受碳酸锂的影响，故可使用碳酸锂。丙戊酸钠是 D 类妊娠药物，即使在怀孕第四个月后，也不能服用，因为它能抑制神经功能发育，有

引起胎儿精神发育迟滞或孤独症的危险性。

如果怀孕期间发躁狂的程度较轻(轻躁狂)，只需停用引发或恶化躁狂的药物，如抗抑郁药、鲁拉西酮、阿立哌唑、拉莫三嗪，未必要另加药物治疗，毕竟是怀孕期。

六、家人要征服自己的恐惧

正常人会从现在推测将来，家人看到躁狂这个样子，心想：将来这日子怎么过呀？从而感到绝望；看到躁狂缓解了，希望又上来了，“现在不是好好的吗”，怀疑需维持服药的必要性。其实双相障碍的特点就是发发停停，家长的心情也随之在绝望与希望之间反复波动。我们认为，这个病是慢性病，会反复发作，每次发作都有得治，当然要去看病、花钱，必要时住院，但比起白血病、精神发育迟滞的预后要好得多。找一个你信得过的医生，保持良好关系，将来发病可随时咨询调药。

第八章

躁狂患者(双相障碍)怎样自我护理

第一节　躁狂患者要学会面对的那些事

一、面对追求和境遇

1. 面对你的追求:双相Ⅰ型障碍患者病前可能是情感增盛型人格,充满活力和热情、执着于追求,正因为执着,所以他们愿意去拼,去熬夜,而这正是引发或恶化躁狂的因素。尽管你已经习惯熬夜和拼,但恰恰不能这样做。否则,躁狂和抑郁就会加倍报复你。

2. 面对当下的境遇:你过去成绩好,考上最好的学校。现在患了双相障碍,转到普通学校,就要面对现实。不要再嘀咕目前的学校怎样差,怎样没前途,要立足现在,不要再提既往的自己,不要再提既往的学校,否则会引起目前学校同学和老师的反感。

二、面对主观感受和别人评价

1. 主观感受:双相障碍如果不服药,躁狂-抑郁就会持续性或间歇性循环发作。服药有效后,这种循环幅度变小,发作持续时间变短,发作间歇时间延长。如果你原来承认有病,肯服药,能遵医嘱不开车;而现在又不承认有病,不肯服药,或认为服药也能开车,多半说明你又发病了。

2. 别人评价：当躁狂发作时，往往别人能察觉到，你自己却察觉不到。所以当别人说你发躁狂时，宁可信其有，不要轻易判定别人是在侮辱你。如果你最近总给家人买东西，家人却说不需要，然后你又退货，这样买买退退，你要考虑，自己是否又发躁狂了。

三、面对不愉快社交

1. 面对与配偶的争吵：与配偶生活在一起，时间长了，难免会争吵，争吵时千万别说："我要不是有病，也不会找你"，否则，轻则感情破裂，重则离婚。

2. 不愉快社交前的临时加药：如果你将去见一位不喜欢的人，担心脾气会失控，见面前半小时服用碳酸锂平片 250 mg 或丙戊酸钠片 400 mg（当然，与常规药量加在一起，总量不要超过说明书推荐的最高治疗量）。

3. 对朋友不要一厢情愿：社交是互动，不取决于你一个方面。就像是下棋，你走第一步，待人真诚、友善，别人走第二步。如果别人待你不真诚、不友善，你感到不适，下一步又轮到你走了，是继续真诚、友善，还是后撤，还是勃然大怒？如果是我，会后撤（场面上敷衍一下，以后不再来往），因为"继续真诚、友善"是"以德报怨"，那"何以报德"？而"勃然大怒"又有失君子风度，下次不好见面。

第二节　躁狂患者的自我调整

一、放慢说话速度，过过脑子再说

没有人不享受自己说话快的，但躁狂的说话快，是思维奔逸的结果，有些情不自禁，因为说话不快，刚才想的就闪过去了。如果你觉得自己的想法来不及过脑子，就说出来，并涉及人际是非，那可得小心了。正常人想法即使通过意识过滤后再说出来，也不能保证不说错话，不得罪人，而你现在不经过意识就说话,太容易说错话、得罪人了。说出去可就收不回来,就算是事后道歉,那也是表面弥合裂痕,不能真正弥合裂痕。人家会认为,你内心深处就是这么想的,只是躁狂时说出来,而平时隐忍不说而已。而让自己思维快速闪过,不说出来又有什么损失?

二、不要单纯用情绪去判断事物

1. 正常人靠什么来判断问题?正常人应用自然科学是用理智(自我主见的理性部分,又叫冷知识),例如:7×7=49;而评价人物则是理智(自我主见的理性部分)加情绪(自我主见的感性部分,又叫热认知)综合判断。例如,与我关系好的人,就多讲他的优点,少讲或不讲他的缺点;与我关系差的人,就少讲或不讲他的优点,多讲或夸大他的缺点。

2. 躁狂患者靠什么来判断问题?躁狂发作时,情绪(自我主见的感性部分,热认知)比理智(自我主见的理性部分,冷认知)高出许多倍,单用情绪去判断事物,就会得出愚蠢的结论,与智力完全不相称。例如,患者知道自己患躁狂,也知道要服药,但他决定:我一天只服一顿药,一天给两顿药就不吃。有些药物作用时间短,一天一顿的疗效覆盖不到全天,例如,碳酸锂半衰期是 12 小时,需要一日两顿服药,他非不听。这种愚蠢的坚持,就是用情绪判断事物的结果。所以,躁狂时你要意识到,“我目前处于情绪状态,单用情绪判断事物是很愚蠢的”,应委托我信任的人代我做决定。

三、双相障碍限制了独自投资的能力

躁狂是以热认知为主导,对形势盲目乐观,盲目投资,易被花言巧语所欺骗,导致资金损失。抑郁时对投资失败的耐受性比正常人差,受到挫折易放弃,遇到失败易自杀。故双相患者不宜独立投资。

当然,如果躁狂缓解后,做一些投资不大的淘宝小生意,也并非不可。

四、双相障碍本人需知的长期用药知识

1. 不可停药：药物抗躁狂，不用就易复发，就像是抗高血压药控制血压，不用血压就反弹一样。双相障碍倾向长期维持用药，不可停药。

2. 没有机会停药：双相障碍与高血压也有不一样的地方，双相障碍有自发缓解期。在缓解期间，即使不用药，情感（躁狂或抑郁）也不发作。如果可预测缓解期持续多长时间，就可在缓解期内停药。但缓解期持续多长时间不可预测，所以就没有机会停药。

3. 应该减药：双相障碍病情稳定后，有两种情况应该减药。一是药量偏大（例如，碳酸锂 1 200 mg/d，德巴金 1 500 mg/d、喹硫平 400 mg/d，利培酮 4 mg/d、奥氮平 15 mg/d）。即使未出现明显不良反应，也担心会出现不良反应，故在病情稳定一个月后，医生会主动给患者减药；二是药量不大（例如，碳酸锂 900 mg/d，德巴金 1 000 mg/d、喹硫平 200 mg/d，利培酮 2 mg/d、奥氮平 5 mg/d），但患者出现了不良反应，例如尿多、肥胖、思睡或闭经，医生应予减药。

4. 勉强减药：病情缓解时间较长，药量不大，也无明显药物不良反应。病情与药量已处于平衡状态，再减药就容易打破这种平衡。医生不想减药，架不住患者的反复要求，只有被迫象征性减一点。尤其是药物种类少、剂量又低的情况下（例如碳酸锂 600 mg/d，德巴金 500 mg/d），再减就很容易复发。所以患者反复催促医生减药，对医生来说也是有压力的，医生被迫减药，不利的还是患者自己。

5. 私自减药：医生不同意减药，患者根据漏服药也未复发的经验，私自减药，这就增加了复发的风险。双相障碍不像失眠，失眠是当晚不服安眠药就睡不着，失眠提醒你服安眠药。双相障碍很少一天不服药就病情波动的，而是在不服药数周或数月后才发作，正因为病情复发的滞后性，所以模糊了停药与发病的因果关系，使患者不易长记性。直到躁狂复发缓解后，才认栽。

6. 裁减种类：为了迅速控制双相障碍的急性期症状，通常用药种类达

4～5 种之多，而坚持单用一种不典型抗精神病药和一种心境稳定剂的医生，通常控制病情较慢。在多种药物快速控制病情后，开始裁减用药种类。裁减种类一是根据增药时的疗效来决定的，疗效越好，裁减越谨慎；疗效越差，裁减越胆大；二是根据不良反应，哪种药物引起了不良反应，就裁减哪种药物；裁减的过程是逐渐减药，已是很低剂量才能直接停药。

第九章

心理治疗

第一节　心理治疗中三个常用术语

心理治疗对抑郁症和双相障碍总体无效，只对心绪不良、心理冲突有姑息性疗效。心理治疗中经常用到意识分层、意识窗和自我主见术语，这里先加以说明。

一、意识分层

1. 意识层：意识就是清晰地认识，相当于做中等难度数学题时那种警醒水平。

2. 前意识浅层：是感知事物尚能模糊地达知觉水平，就像是近视眼不戴眼镜时看夜市那样，有些朦胧，但马路、车辆、商铺尚能辨识。

3. 前意识深层：感知事物模糊到感觉水平，只能感知到“有”或“无”，仿佛视力下降到只有“指数”或“光感”的水平。

4. 潜意识层：潜意识是完全认识不到，但又确实存在的心理活动。

二、意识窗

意识窗就是意识层，因意识层的宽度较窄，故称意识窗。意识窗在每一瞬间，只能关注一个知觉或联想，认识才能清晰，如果同时关注两个以上的知觉或联想，则认识清晰度就下降。随着时移，前意识浅层的知觉和联想列队进入意识窗，将前面的知觉和联想挤出意识窗，这就形成了意识流。意识窗就像是投票柜，意识窗内的知觉或联想，就像是正在投票的那个人，前意识浅层的知觉和联想就相当于等待投票的人排成的长队，被挤出意识窗的知觉和联想就相当于投完票离开的人。意识流就相当于排队人的移动。意识流越快，警醒度就越高；意识流越慢，警醒度就越低。

三、自我主见

自我主见包括感性部分和理性部分，感性部分包括自己喜欢什么，不喜欢什么，通过直觉判断事物的利弊、对错；而理性部分是通过逻辑推理来判断事物的利弊、对错。

第二节　心理治疗对抑郁症和双相障碍总体无效

一、为什么说中、重度抑郁症用心理治疗无效

中、重度抑郁症是因为脑能量代谢不足所致，心理治疗不能纠正脑能量代谢不足，故总体无效。现对抑郁的三个主症逐一分析。

1. 思维迟缓：中、重度抑郁症由于前意识浅层能量代谢不足，无力将联想推入意识窗，所以思维迟缓，意识窗中联想流动过慢，导致警醒度下降，随之迷盹和困倦（进入前意识状态）。这用心理鼓励和启发是无效的。

2. 情感低落：中、重度抑郁症的脑能量代谢不足，由脑能量代谢支撑的自我主见感性部分减退，包括兴趣、成就感、价值感均减退，心里变空虚，感到不如一死，以求解脱。自我主见的理性部分知道，正常人不是这样想的，这种想法不正常。但抑郁越重，自我主见的感性部分减退越重，理性无力纠正感性，心理治疗师无论怎么跟患者讲生命的重要性，讲自杀是不正常的想法，都只影响了患者的理性部分，不能影响患者的感性部

分，患者控制不住地去自杀。这就相当于性欲亢进、贪食、嗜好毒品、嗜好赌博，当事人的自我主见理性部分明知是不正常的，心理治疗师无论怎么劝导，但感性部分还是控制不住地去做。

3. 意志减退：内源性抑郁的自我主见感性部分减退，理性部分不减退，感性部分没兴趣做，理性部分知道应该去做，但理性指挥不动感性，最终还是没做。例如，不能上学、不能做功课。外人的鼓励、督促只能影响理性，但不能影响感性，所以任凭家人说破天，患者还是不做，逼急了就发脾气。

二、躁狂症为什么心理治疗无效

双相障碍中的抑郁也如前述，心理治疗总体无效；双相障碍中的躁狂，心理治疗总体也无效，现对躁狂的三个主症逐一分析。

1. 思维奔逸：当躁狂发作时，前意识的能量代谢增强，将前意识深层的联想向前意识浅层推送，将前意识浅层的联想向意识窗中推送，这样，意识流就加快，表现思维奔逸。意识流加快，导致警醒度升高，后者导致急躁，遇事等不及和易激惹。患者为了赶上加快的联想，说话速度加快，自我主见的理性部分来不及审核就说出来，故说话易得罪人。联想来不及推敲就做出决定，故为冲动性决定，冲动性决定可带来灾难性损失（例如，冲动性结婚、离婚、辞职、投资）。这时心理治疗师与他讲道理，根本抑制不了他的意识流速度，故不能改善思维奔逸。

2. 情感高涨：躁狂症的脑能量代谢过盛，通过脑能量代谢过盛的支撑，自我主见感性部分增强，包括兴趣、成就感、价值感增强，这时心里变充实。兴趣增强就什么都要买，成就感增强就好自吹，价值感增强就愿意奔忙。而自我主见的理性部分并未增强，所以理性不能节制感性。任家属怎么讲乱花钱不值得，只能影响患者的理性，影响不到患者的感性，患者的感性就是一心要买。患者说，“不买就难过，买了又后悔”。“不买就难过”是患者的感性说的，“买了又后悔”是患者的理性说的。

3. 意志增强：当自我主见的感性部分增强时，欲望就增多，欲望增多就要做这做那，而理性部分并未增强，无力阻止感性去做，最后是什么都做一下，但什么都没做成。家人的劝阻只能影响患者的理性，不能影响患者的感性，无法阻止患者做这做那。

第三节　家人给予患者的心理治疗

一、心理疏导治疗

患者因心理困惑而想不通，意识流就阻滞，警醒度下降，随之困倦、消沉。家人或心理治疗师帮助患者分析原因，找到出路，意识流重新流动起来，警醒度恢复正常，不再为此而困倦和消沉。例如，抑郁患者因自己懒动而内疚，家人就说："懒动是抑郁症的脑能量代谢不足引起，不是你的错。"

二、支持性心理治疗

患者在外面受了气，回来不开心。家人要站在患者的立场上评论此事，使患者心理上得到支持，减轻不开心。例如：22 岁女性，去饭店吃饭，想坐窗前位子，当时因为疫情，堂食需间隔坐，故店员不许，并做了解释。患者不信，回来问母亲，母亲说政府有此规定。患者又找爸爸评理，爸爸说店员没错，患者就不开心了。母亲见患者不高兴，就说："这店员说话没涵养，应该说，'不好意思，政府有规定，疫情原因，堂食需间隔坐。请不要让我们为难'。"患者听母亲说店员的不是，心里高兴了，气也消了。

三、拉开心理距离治疗

（一）儿童和青少年的心理发育过程

1. 独立意识：最初，小儿哭喊，母亲必应。此时，小儿认为母亲与自己是一体的，母亲就是自己的手和脚，能帮助自己完成意愿，自己只要发信号(哭喊)就行。后来，小儿哭喊，母亲不是每次都应，小儿意识到，母亲与自己不是一体的，不是自己的手和脚，自己发信号，需经母亲同意才能满足，不同意就不能满足，有的满足还带有附加条件。

2. 阴性条件反射：孩子有些需求(例如高消费)提了几次，都被母亲否决，形成了阴性条件反射，以后不敢再提。

3. 阳性条件反射：孩子有些要求提出后，母亲需要小儿做到什么，才能满足其要求(例如，早晨先刷牙、洗脸，才能吃东西)，形成了阳性条件反射，以后在需要时还能提。

4. 直觉主见的形成：阴性条件反射养成了哪些事情不能做的习惯，阳性条件反射养成了哪些事情能做的习惯，逐渐形成了一套直觉主见，不用细想，就知道这事该不该做。到了幼儿园和小学，直觉主见的应对对象由母亲扩大到老师、同学、邻居。

5. 自我主见的形成：到了 12～13 岁，抽象思维发育，通过逻辑推理，孩子由直接认识提高到间接认识。间接认识可修正直觉主见，于是到了青少年期(13～19 岁)，由直觉主见(感性部分)和抽象思维(理性部分)共同组成了自我主见。

(二) 青春期为什么会叛逆

1. 叛逆期的形成：青少年有了自我主见，就有了自己独立的观点和看法，不再像小学时那么好哄，那么听招呼。对父母、师长、媒体说的话，不再是一味信从，而是要通过自我主见甄别一下，再决定信与不信。此时自我主见只是初步形成，看问题还不成熟，但他们自以为成熟。不成熟就易出错，自以为成熟就不听劝，这就有了青少年叛逆。例如，“我不读书了，专门玩游戏，将来成为职业玩家!”

2. 亲子关系紧张：到了青少年叛逆期，母亲再用原来的灌输式、指令式教育，就不好使。如果母亲神经质，强制青少年子女接受指令，亲子关系就会紧张。母亲越是神经质，青少年自我主见越强，关系就越紧张。有的青少年子女不敢公开叫板，但会暗自抵抗。一位母亲给多动症儿子服用托莫西汀(该药较贵),母亲常出差,只能让保姆给儿子服药。一个月回来,发现家里的烤箱下面有 23 粒托莫西汀(平时周六周日是不服药的),算下来,他儿子一个月一粒药也没服。这就是暗自抵抗。

3. 过了青春期就不再叛逆:过了青春期,自我主见逐渐成熟,人生观与大众趋同,母亲那些与大众趋同的观点,子女就能听得进去,亲子关系缓解。子女之前不切实际的想法就会放弃,变得务实。

4. 青春期结束后还是叛逆:青少年发作的双相障碍患者,他们对自然科学知识随着时移,会有所长进,但对社交方式和社会态度,却停留在发病的那个年龄,即自我主见的感性不再发育,即使过了青春期,仍与社会格格不入,与母亲格格不入,除非母亲让步,否则亲子关系继续紧张。

5. 从不叛逆未必是好事:到了青春期,母亲说什么,子女仍无条件接受,说明自我主见的理性部分发育不良,可能发展为依赖性人格障碍。例如,一位 30 多岁的女性说,我的一切都是听母亲的,考大学听母亲的,选专业听母亲的,找工作听母亲的,找对象结婚听母亲的。我自己就从未独立决定过。

(三)母亲如何应对子女的青春期叛逆

1. 拉开心理距离:孩子走路不稳,易摔倒,需要母亲去搀扶;当他能稳健走路时,母亲再去搀扶,他就会把母亲甩开。同样,儿童尚无独立判断能力,需要母亲帮他判断;到青少年后,自我主见的理性部分发育,就要摆脱母亲帮他做出的判断,母亲只有与他拉开心理距离,才能与他和平相处。

2. 怎么操作? 青春期子女有了独立判断,不肯盲从。母亲就让他做自己的司令,母亲当参谋长。当子女遇到问题时,母亲提供几种选项,分析每种选项的利弊,由他自己选择,自己选的才能自觉执行,失败了也赖不上别人。

3. 是否会影响不到子女? 对青少年子女,要想像既往对儿童时一样,牢牢地把控在手里,是不可能的了,但还可以影响。因为在分析每个选项的利弊时，会带入你的主观倾向，影响他的决定。至于有多大影响，就看你说的有没有说服力。

四、缩短心理距离治疗

正常人都是越长大，越独立，越不依赖于母亲，到 18 岁前后，不可能再像儿童时那样，与母亲撒娇，但抑郁症患者的自我主见沉入前意识或潜意识，导致他的独立性减退，即使已 18 岁以后，仍像儿童一样，要求母亲抱抱，称自己是熊猫宝宝，要母亲像哄婴儿一样哄自己睡觉。尽管母亲厌烦，但考虑到子女是疾病所致的自我主见减退，还是应接纳他。这说明抑郁还未好透，好透了不会再撒娇。

第四节　患者自我心理治疗

一、自我镇静治疗

1. 专注单调事物：就是在意识窗内始终专注一个目标，不让前意识浅层的其他知觉和联想进入意识窗，意识流就停止，警醒度就随之降低。可以是专注体内的某事物，例如，专注想颈子后面那块肌肉，也可以是专注体外的某事物，例如，盯着一本看不懂的书看。

2. 深呼吸：深呼吸可降低血液中的二氧化碳水平，从而降低警醒度。

二、拉开心理距离治疗

1. 与痛苦经历拉开距离：当你不想与过去的痛苦经历挨得太近时，可与过去的痛苦经历拉开心理距离。把过去的痛苦经历看作是同名先辈经历的，而现在的“我”是同名后辈，以第三者身份回忆同名先辈的痛苦经历，痛苦度会减轻一些。例如，男，25 岁，回忆起去年谈对象被抛弃，追求不成功，还受了些屈辱，现在想起来就痛苦。就想，那是我的同名先辈经历的，心里会好受一些。

2. 与冲动拉开距离：当“我”受到强烈屈辱，想要拼命时，“在实施以前，“我”会劝自己冷静。可是，“我”也在受强烈屈辱，劝自己别冲动没说服力。因此，将“我”改成第三人称“他”，或改成尊长来劝导，他或尊长没有受到强烈屈辱，劝导时会冷静得多。

3. 与不自信拉开距离：当“我”不自信时，再用“我”来鼓励自己自信，就没说服力，将“我”改成第三人称“他”，或改成尊长，来鼓励自己，才有说服力。例如，在“我”感到绝望时，就默念“我要坚强，我不能倒下”，跟默念：“你要坚强，你不能倒下”。是一个意思，但人称不同，效果就不同，前者没有外援，后者有外援。

三、分心治疗

（一）相关现象

在警醒度正常的情况下，意识窗能清晰专注一件事情，如同时专注两件事情，则对每件事情专注的清晰度就会下降。在警醒度过高的情况下，意识窗专注一件事情时虽然清晰，但会感到刺激和不耐烦，就像在 120 瓦台灯下做功课一样，会嫌太刺眼，静不下心；如果加一个干扰项，分走一部分专注力，相当于把台灯调暗到 60 瓦，就不再刺眼，能静下心来。有的学生喜欢边做功课，边听音乐，听音乐就分走了他一部分注意力，让他静下心来，提示他的警醒度较高；有的学生做功课就耐受不了听音乐，因为他的警醒度适中，正好能静下心来做功课，你给他听音乐，又分走了一部分专注力，剩下的专注力就不足以做功课了。

警醒度越高，需分走的专注力越大；这就可以解释，为什么有的人在安静背景下看不进书，非要跑到闹市里去看，因为他需要闹市里的嘈杂声分走一部分注意力。如果正事需要的专注力越小，需分走的专注力就越大。例如，抄文章需要的专注力低，可以边听音乐边抄；写文章需全力专注，就不能边听音乐边写。

干扰刺激越强，例如音响的分贝越高，分走的注意力越多。急性躁狂越重，警醒度就越高，越需强刺激去分走专注力，所以患者喜欢听高分贝的音乐，摔东西要摔出声响（如摔碎瓷碗、玻璃杯），才心里痛快；混合性抑郁的划手，则是通过痛觉刺激分走一部分注意力。

（二）何时应用

1. 心绪不良：心绪不良患者一闲下来，就沉浸于不愉快的往事中，通过社交、专注做事（包括玩游戏）、看视频，可分走一部分注意力。

2. 幻听：精神分裂症的幻听患者为衰减对幻听的注意，会开大音响的分贝，通过噪音分走一部分注意力，让幻听对自己的干扰变小一些。

（三）形形色色的分心方式

凡是能吸引注意力的，都可作为分心治疗的手段，这就有了音乐治疗、书法治疗、绘画治疗、舞蹈治疗、运动治疗、手工技术治疗（折纸、编织、陶艺）。其中音乐治疗是听觉分心、书法和绘画治疗是视觉分心，舞蹈和运动治疗是运动分心，手工技术治疗是视觉-运动的分心。增加触觉或痛觉刺激也可分心，包括推拿、按摩、针灸等。

附件

青少年的烦恼
（三字经）

1. 睡眠

青少年　十三始　十九终　此期间
精力盛　喜迟睡　好迟起　此习惯
非所宜　喜迟睡　难長高　好迟起
常迟到　上课萎　成绩退　鸿发奋
泡咖啡　夜少寐　短尚可　長早老
增血压　引强迫　发烦恼　睡前思
促警醒　难入眠　宜避免　白昼忙
不得闲　晚熄灯　易入眠　白昼闲
好垂帘　晚熄灯　难成眠　汝欲学
先足眠　发悬梁　锥刺股　非楷模
不值羡

2. 抑郁

抑郁者　常悲傷　易早醒　思维钝
躯體沉　遇事拖　反应迟　一受挫
便发狂　急越窗　一跃亡　此心病
非心医　纯咨询　无意义　用对药
疗效起　抑郁去　勿过喜　无医嘱
药莫停　此疾病　易复发　受刺激
遇劳累　缺睡眠　皆诱因

3. 躁狂

话变多　脑变灵　无乐事　笑盈盈
志变高　胆变大　精力盛　睡眠少
不疲劳　买不停　拒则怒　怒毁物
此躁狂　急就医　药对路　躁渐息

4. 精神分裂症

人说话　疑议我　人吐痰　疑嫌我
人咳嗽　疑烦我　如此疑　非机灵
而是病　去就医　莫迟疑　空间语
不见人　问家人　不曾闻　语再现
按录音　復播无　是幻听　幻听频
必是病　莫耽搁　去就医